D0878080

# Les grands personnages du XXᵉ siècle

# Dans la même collection

André Champagne

# Les grands personnages du XXe siècle

Entretiens avec l'histoire
*Volume I*

Septentrion/Radio-Canada

Les éditions du Septentrion reçoivent chaque année du Conseil des Arts du Canada et du ministère de la Culture et des Communications du Québec une aide financière pour l'ensemble de leur programme de publication.

Saisie et vérification : Sylvie Laprise et Ann Turcotte

Révision : Diane Martin

Mise en pages : Zéro Faute, Outremont

© Les éditions du Septentrion et Société Radio-Canada

Si vous désirez être tenu au courant des publications
des ÉDITIONS DU SEPTENTRION
vous pouvez nous écrire au
1300, av. Maguire, Sillery (Québec) G1T 1Z3
ou par télécopieur (418) 527-4978

Les entrevues reproduites dans ce volume
ont été réalisées dans le cadre de l'émission
*Au fil du temps*, diffusée sur le réseau MF
de la radio de Radio-Canada.

**Données de catalogage avant publication (Canada)**

Champagne, André, 1952-

Les grand personnages du XXe siècle
(Entretiens avec l'histoire; 1)
Publ. en collab. avec: Radio-Canada.
Comprend des réf. bibliogr.

ISBN 2-89448-040-7

1. Histoire – 20e siècle. 2. Politique mondiale – 20e siècle.
3. Biographies – 20e siècle. I. Titre. II. Collection
D421,C42 1995          909.82          C95-941579-3

Dépôt légal                    Diffusion Dimedia
4e trimestre 1995              539, boul. Lebeau
Bibliothèque nationale        Saint-Laurent (Québec)
du Québec                     H4N 1S2

# Note de l'éditeur

La collection « Entretiens avec l'histoire » souhaite toucher un vaste public désireux de se familiariser avec des sujets historiques variés.

Les sept volumes de cette série proviennent d'entrevues réalisées par André Champagne de 1990 à 1994, avec des historiens et politologues, dans le cadre de l'émission *Au fil du temps*, diffusée au réseau MF de la Société Radio-Canada.

Toutes les personnes interviewées ont aimablement accepté de relire et souvent de retravailler les transcriptions de leur texte. Nous avons, toutefois, tenu à conserver à ces textes le style « oral ».

À la fin de chaque entrevue, une bibliographie, plus ou moins longue selon le sujet abordé, donnera des pistes au lecteur intéressé à « aller plus loin ».

Ces entrevues ont été réalisées dans un contexte bien précis, soit en raison d'un anniversaire quelconque (par exemple, les vingt ans de la Crise d'octobre) ou à l'occasion de la publication d'un volume. Dans ce dernier cas, le livre qui a servi de trame à la rencontre est marqué d'un astérisque en bibliographie.

Chaque texte est aussi accompagné d'une introduction qui, souvent, servira de mise en contexte.

Ce premier volume traite des grands personnages du xxe siècle. Outre une présentation du personnage lui-même, chaque texte nous situe l'époque dans laquelle chacun d'eux a évolué. Ainsi, la somme de ces entretiens nous donne-t-elle une vue d'ensemble de ce xxe siècle qui s'achève.

Andrée Laprise

# Churchill

## LE VIEUX LION ANGLAIS

*Entretien avec Jean Guiffan*

*E*n janvier 1993, l'historien John Charmley déclenchait une polémique dans la presse et les milieux académiques britanniques en publiant un ouvrage intitulé Churchill, The End of Glory, *dans lequel il remettait en cause la décision de Churchill de refuser de négocier un accord de paix avec l'Allemagne d'Hitler en juin-juillet 1940. Selon Charmley, l'Angleterre aurait eu tout avantage à accepter les offres de paix d'Hitler, car elle n'aurait pas eu à se soumettre aux conditions économiques et financières imposées par l'allié américain et elle aurait eu les moyens de maintenir intact son empire.*

*Charmley rappelle qu'en 1940 une partie de la classe dirigeante britannique envisageait sérieusement de négocier avec l'Allemagne et que certains membres du cabinet, dont l'ancien premier ministre Lloyd George, étaient tentés par les offres du chancelier Hitler. Pour Charmley et pour la plupart des historiens révisionnistes, le régime nazi n'était pas pire que le totalitarisme* stalinien. Pourquoi fallait-il tellement s'acharner contre lui, d'autant plus que l'objectif premier d'Hitler était la conquête d'un espace vital à l'Est, donc la guerre contre la Russie soviétique.

La seule explication avancée par Charmley : le fait que Churchill était un « war monger » (fauteur de guerre) par conviction et par nécessité et que, depuis sa jeunesse, il rêvait de diriger l'Angleterre dans une grande guerre.

On peut difficilement nier la fascination de Churchill pour la politique et la guerre. Ce n'est pas un hasard s'il a opté pour l'Académie militaire de Sandhurst alors que ses origines sociales le destinaient à Oxford ou Cambridge. Churchill était passionné d'histoire militaire et de politique, mais n'était nullement responsable du conflit de 1939. Et si, en mai 1940, le cabinet le désigne comme successeur de Neville Chamberlain, c'est que Churchill était le politicien le plus apte à diriger les destinées de l'Angleterre à un moment aussi crucial de son histoire.

Dans l'entrevue qui suit, l'historien Jean Guiffan retrace la vie et la carrière de Winston Spencer Churchill.

❖ **Quel genre d'enfance a eu Winston Churchill ? Est-ce une partie de la légende que de dire que ses parents l'ont délaissé pour s'occuper de politique ou de vie mondaine ?**

Je ne pense pas que ce soit une légende. Il est né dans un milieu très aristocratique, c'est le petit-fils du duc de Marlborough, plus connu comme ce fameux Malbrough de la chanson, et on est dans un milieu où l'on s'occupe effectivement beaucoup de vie mondaine et de politique. Son père, Randolph Churchill, était un homme politique très important dans la vie anglaise au XIXᵉ siècle ; sa mère, une très belle Américaine, Jenny Jerome, adore danser et mène une vie mondaine. Plus tard, après la mort de son mari, on dira même qu'elle a été la maîtresse du roi. Elle avait des relations très suivies dont Churchill d'ailleurs s'est servi. Il n'a pas hésité à utiliser le « piston » maternel pour obtenir certains avantages.

Mais c'est vrai que Churchill a été délaissé par ses parents. Ce n'est d'ailleurs pas spécifique à Churchill, je crois que c'était vrai de tous les enfants de l'aristocratie et de la grande bourgeoisie. Il n'y avait pas les mêmes rapports familiaux qu'aujourd'hui et, comme souvent chez les gens aisés, les enfants étaient élevés par des nourrices. C'était le cas de Churchill qui a été élevé par celle qu'il appelait sa « nanny », madame Everest, pour qui il a gardé toute sa vie une grande affection. Il a peut-être eu de madame Everest plus d'affection que de ses propres parents.

❖ **Sur le plan des études, a-t-il suivi le cursus traditionnel de tous les enfants d'aristocrates anglais, c'est-à-dire les écoles, les Public School donc les écoles privées, Eton, Oxford ?**

Disons qu'il a essayé de suivre le cursus traditionnel. Il était le fils de Lord Randolph Churchill et il devait poursuivre des études, mais apparemment il n'était pas très doué, quoique disons-le c'était un « faux cancre », c'est-à-dire qu'il était très intelligent. Il le prouvera par la suite, mais il est assez nonchalant pour ne pas dire paresseux et il étudie ce qui lui plaît. Il a une prodigieuse mémoire, ce qui est quand même très utile pour les études, mais il ne travaille pas beaucoup et il ne va pas à Eton, grand collège britannique, mais simplement à Harrow qui est moins important et il échoue deux fois l'école militaire de Sandhurst qui est un peu le Saint-Cyr anglais. Il n'est reçu de justesse qu'à sa troisième tentative en 1893 et, comme il n'a pas obtenu un bon rang d'ailleurs, il entre dans la cavalerie qui est une arme beaucoup moins noble que l'infanterie et beaucoup plus coûteuse. Son père d'ailleurs lui envoie une lettre très dure, en disant qu'il va devenir un raté. Il reçoit vraiment une « engueulade » paternelle qui préjuge mal de l'avenir de Churchill.

### ❖ Il a choisi la carrière militaire. Pourquoi ?

C'est un choix, j'allais dire un peu par défaut justement ! Il aurait certainement préféré autre chose, mais ses études ne le lui ont guère permis et, de toute façon, il ne va pas rester militaire. Très rapidement, il va bifurquer comme son père, qu'il admirait beaucoup, vers la politique. Bien qu'il se soit toujours intéressé, on le verra plus tard dans sa vie, aux choses militaires — le soin avec lequel il a organisé le débarquement —, il avait sans doute d'autres ambitions. C'est quelqu'un de très ambitieux et il voulait s'en sortir notamment par la littérature, par la politique. Et sa carrière militaire, il ne va pas la poursuivre toute sa vie.

### ❖ Tellement qu'en 1899 il est candidat pour le Parti conservateur. Que se passe-t-il ?

Les militaires étant assez peu payés et Churchill très dépensier, il a besoin — et il aura toujours toute sa vie — besoin d'argent et il double son salaire, en quelque sorte, en faisant des piges, en étant correspondant de presse. Il va ainsi à Cuba, en Afrique, en Inde.

Il se fait connaître ainsi par ses articles et c'est alors qu'il va quitter l'armée. Il décide de se lancer dans la carrière politique, mais il démarre mal puisqu'en 1899 il est battu dans une circonscription qui pourtant semblait à sa portée. Naturellement, il se présente comme conservateur, quand on est petit-fils du duc de Marlborough et fils de Randolph Churchill on n'a pas le choix — noblesse oblige ! Il se présente dans cette circonscription facile, mais il est battu. Il est sans doute assez vexé, et du coup, il va se rendre en Afrique du Sud où éclate la guerre des Boers. C'est comme cela qu'il va enfin se faire connaître.

❖ **En Afrique du Sud, il y a un épisode marquant qu'il utilisera, qu'il rentabilisera même pendant des conférences ultérieures ?**

Il est officiellement correspondant de guerre, mais il a quand même été militaire. Et puis Churchill est toujours un homme d'action, on le verra plus tard, il ne résistera pas au plaisir d'aller faire le débarquement en Normandie en juin 1944, alors que ce n'était sans doute pas sa place. C'est un homme d'action. Il ne peut pas se contenter d'être uniquement correspondant de presse : il participe plus ou moins à l'action et il se fait prendre. Il est fait prisonnier par les Boers qui justement, vu l'action de Churchill, ne le considèrent pas comme un correspondant de guerre, mais comme un prisonnier de guerre. Donc il est

mis dans un camp d'où il s'évade et il va naturellement faire connaître son action et son
évasion à la presse du monde entier. Il a un
sens, que l'on verra aussi plus tard, de la
publicité : même dans la presse française à
cette époque, vous voyez des titres sur cinq
colonnes à la une : « Le petit-fils du duc de
Marlborough, prisonnier des Boers » ou
« Évasion rocambolesque ou sensationnelle de
Churchill »... Ce qui fait que le nom de
Winston Churchill est connu dans le monde
entier dès 1899 ou 1900. Alors que de Gaulle
et Hitler sont encore écoliers, que Staline est
séminariste, que Roosevelt est étudiant, le
nom de Winston Churchill apparaît déjà dans
les journaux du monde entier à l'extrême fin
du XIXe siècle et début du XXe siècle.

❖ **Parce qu'il a un excellent sens des relations
publiques ?**

Toujours, oui.

❖ **Et il entretient dès cette époque sa
légende ?**

Oui, ce qui va lui permettre de faire une
carrière politique.

❖ **En 1900, il est enfin élu dans la circonscription de Oldham sous la bannière des conservateurs. On peut s'en douter.**

Oui, dans la circonscription qui l'avait
« blackboulé » peu de temps avant, il est élu à

l'automne 1900. Il est conservateur, mais il est conservateur churchillien j'allais dire ; il a déjà un fort tempérament individualiste et c'est un peu un « jeune loup », un enfant terrible du Parti conservateur. D'ailleurs, avec d'autres jeunes conservateurs comme lui, ils se font appeler les « hooligans », les voyous, c'est assez significatif. Il n'est pas d'accord avec beaucoup de thèses très traditionnelles du Parti conservateur, notamment sur la question du libre-échange. Le grand débat en Grande-Bretagne à cette époque c'est : doit-on rester libre-échangiste puisque la Grande-Bretagne est le seul pays qui soit resté libre-échangiste ou doit-on, comme tous les autres pays, adopter le protectionnisme, mettre des barrières douanières. Les conservateurs sont en majorité protectionnistes alors que lui, bien que conservateur, est pour le libre-échange.

❖ **Ce qui explique peut-être qu'en 1904 il traverse le plancher du Parlement et qu'il joint les rangs du Parti libéral. Est-ce de l'opportunisme ?**

La raison noble que Churchill mettra en avant, c'est bien sûr ses idées politiques. Il disait qu'il était conservateur par héritage familial, mais qu'en fait les conservateurs étaient des vieux réactionnaires et que, lui, il voulait faire évoluer les choses et que, notamment dans le domaine économique, ce choix vers le libre-échange l'avait conduit vers les défenseurs du libre-échange, c'est-à-dire chez les libéraux. Je dois dire aussi que Churchill va toujours un peu sentir le vent venir en politique : il sait prendre le vent. C'est l'époque où le Parti conservateur est plutôt en déclin et où les libéraux ont le vent en poupe. S'il veut faire une carrière, alors qu'il est marginalisé chez les conservateurs, il pense qu'il a peut-être plus de chance chez les libéraux. Alors comme on dit, il « traverse le parquet » puisqu'à la Chambre des communes, contrairement à la France, où il y a un hémicycle, l'opposition et la majorité sont de chaque côté de la salle. C'est très spectaculaire parce que l'on doit prendre ses affaires sous les huées du parti que l'on quitte et sous les acclamations du parti que l'on rejoint. Churchill « traverse ainsi le parquet » !

❖ **Avec son nom et sa réputation, c'est effectivement un coup de théâtre.**

C'est vrai !

❖ **Quelles fonctions occupent-ils chez les libéraux ?**

En quelque sorte, si je peux m'exprimer ainsi, Churchill va toucher le prix de sa trahison, dans ce sens qu'il va obtenir très vite un portefeuille ministériel. Pas très important au début : il est secrétaire d'État aux Colonies en

1905. Mais il va gravir rapidement les échelons le *cursus honorum* de tout bon ministre
et, dès 1908, par exemple, il va devenir
ministre du Commerce. Mais en Grande-
Bretagne, ministre du Commerce, c'est un
ministre qui s'occupe également du travail,
des conflits sociaux, des rapports sociaux. Et il
va comme libéral entreprendre au début quelques réformes. Il passe comme un ministre
relativement libéral et social au début, mais ça
ne durera pas.

❖ **Tellement qu'en 1910 il utilisera l'armée
contre les mineurs et les cheminots. Sa réputation de libéral en prend-elle un coup ?**

Oui, il faut dire qu'il a changé de portefeuille, il est devenu ministre de l'Intérieur ; le
ministre de l'Intérieur, c'est la police, c'est
l'ordre. Churchill, on le verra à plusieurs
reprises, c'est un homme d'ordre : il ne supporte pas le désordre et, lorsqu'il y a effectivement des troubles sociaux, il n'hésite pas à les
réprimer. Il est surtout célèbre par son action
contre les anarchistes : lorsque, en 1911, on
assiège la maison des Anarchistes, Churchill,
l'homme d'action, n'y tient pas : au lieu de
suivre cela de son bureau de ministre de
l'Intérieur, il ne peut pas s'empêcher d'aller
aux premières loges. Il est pris en photo d'ailleurs par la presse. La presse est estomaquée et
se demande : « Est-ce que c'est la place d'un

ministre de l'Intérieur d'être comme ça, exposé au premier rang dans la rue ? » Mais Churchill est comme cela !

### ❖ Il est critiqué pour avoir fait ce geste ?

Oui, bien sûr. On trouve que ce n'est pas la place d'un ministre d'être comme ça au premier rang, même s'il est responsable de l'ordre. Il doit quand même comme membre de l'état-major être derrière et pas au premier rang. C'est vrai que sa réputation de libéral en a pris un coup et pendant très longtemps le jeune Parti travailliste (puisque c'était l'époque où naît le *Labour Party*) va lui battre vraiment un peu froid.

### ❖ En octobre 1911 pour Churchill, c'est la consécration. Il est nommé Premier lord de l'Amirauté. Il devient responsable de la flotte de guerre britannique. Est-il également responsable de l'élaboration de la stratégie ?

Oui, c'est vrai que si, en France, on dit « ministre de la Marine », ça ne fait pas très important ! Mais l'Angleterre est une île et c'est vrai que la grande force de frappe de la Grande-Bretagne, c'est sa flotte. Donc, Premier lord de l'Amirauté, c'est être responsable de la défense du royaume et c'est un poste très important. Le responsable numéro 1, car vous l'avez signalé, l'armée de terre, c'est plutôt une force d'appoint. Tout le système défensif de la

Grande-Bretagne repose sur la flotte. On peut dire qu'il est nommé en 1911 à un des postes clés de la Grande-Bretagne : donc le nom de Churchill est connu, non pas seulement par des épisodes comme les Boers ou par des faits divers : c'est un des personnages politiques les plus importants de la Grande-Bretagne en 1911. Là encore, à une époque, où les futurs protagonistes de la Seconde Guerre mondiale, les Roosevelt, de Gaulle, Mussolini, Hitler sont des inconnus, Churchill est déjà un grand personnage politique et c'est lui qui est responsable de la défense. Contrairement d'ailleurs à ce qu'il avait dit plus tôt quand il était ministre à tendance sociale où il hurlait contre les dépenses budgétaires, il réussit à gonfler le budget militaire et à obtenir un budget naval considérable. Il fait construire des supercuirassés et il oblige la flotte à faire des grandes manœuvres, ce qui fait que, lorsque la guerre va éclater en 1914, la Grande-Bretagne était prête.

Quelqu'un qui ne l'aimait pas, Lord Kitchener (ils avaient eu des mots en Afrique) a dit à Churchill : « Il y a au moins une chose qu'on ne peut pas vous reprocher en 1914, lorsque la guerre a éclaté, c'est que la flotte était prête. »

❖ **La guerre éclate en août 1914. Churchill est un des seuls hommes politiques en Europe à se réjouir de la déclaration de guerre. Rapide-**

**ment, le front se stabilise, la tentative d'invasion de la France par l'Allemagne échoue. On s'embourbe et, au printemps de 1915, Churchill, pour justement essayer de faire redémarrer l'effort de guerre, propose son plan d'attaque contre la Turquie ; c'est le fameux épisode de Gallipoli. Quel était l'objectif de Churchill ?**

Il faut dire — on le reverra lors de la Seconde Guerre mondiale — que Churchill s'est toujours passionné pour la Méditerranée. Il faut se souvenir que la Méditerranée est alors considérée comme une sorte de mer intérieure, de lac anglais : c'est la route des Indes ! Les Anglais contrôlent Gibraltar, Malte, Chypre, le canal de Suez, et pour eux c'est absolument primordial de contrôler la Méditerranée. Donc Churchill s'est toujours intéressé à la Méditerranée et, par ailleurs, la France et l'Angleterre sont alliées à la Russie. La Russie a quelques problèmes et demande de l'aide, des secours. Alors on pense à une expédition par la Baltique et aussi par la mer Noire. Or, la Turquie est alliée de l'Allemagne. On ferait donc d'une pierre deux coups : on battrait la Turquie, qu'on pense être un maillon faible ; en même temps, par l'intermédiaire du célèbre Lawrence d'Arabie, la Grande-Bretagne essaie de soulever les princes arabes contre la Turquie. On espère déstabiliser la Turquie, ce qui permettrait de renforcer l'allié russe. Donc, le plan se tenait, mais on avait sous-estimé l'étroitesse des détroits. Ils y avaient des meilleures défenses que l'on pensait et il y a deux détroits à franchir : les Dardanelles et le Bosphore. Dès le premier détroit, la flotte, qui est essentiellement anglaise — il y avait quatre cuirassés français dont le *Bouvet* qui a été coulé — ne réussit pas à franchir les détroits et ça, c'est le premier gros échec de Churchill : jusqu'à cette date, à part son petit échec électoral, il avait volé de succès en succès. Là, c'est véritablement l'échec et cela va nuire à sa carrière politique.

### ❖ Était-ce une opération réalisable ?

Je ne suis pas spécialiste d'art militaire. Mais il y avait une controverse entre l'amiral Fisher sur l'importance d'arriver à franchir les détroits soit en utilisant essentiellement la flotte, soit en débarquant les troupes à Gallipoli et il y a eu peut-être des rivalités entre les deux types d'armées. Réalisable, je crois que l'on avait quand même beaucoup sous-estimé les défenses. Pour sa défense, Churchill dit que, si l'on avait insisté un petit peu, les Turcs étaient à bout de munitions, que déjà le Sultan faisait ses bagages à Constantinople — enfin Istanbul... Mais je me demande si Churchill, dans ses *Mémoires*, n'insiste pas là-dessus un peu pour se dédouaner ! C'était quand même une opération un peu risquée. Par la suite, on verra que, à chaque fois qu'on essaiera de franchir les détroits, cela sera toujours très difficile.

❖ **Mais le Parlement britannique juge que c'est un échec. Tellement qu'en mai 1915 Churchill se voit retirer l'Amirauté et il déclare : « Je suis un homme fini. » Était-il un homme fini ?**

À première vue on peut le croire : il est nommé chancelier du duché de Lancastre qui est vraiment le poste ultrasubalterne dans le ministère, d'ailleurs les caricaturistes disent : « Où est le duché de Lancastre ? » Churchill pense effectivement qu'il est un homme fini. Je crois que l'on peut alors le penser ! Mais Churchill sera à plusieurs reprises (car ce n'est pas la seule traversée du désert qu'il aura) l'homme des *come back* : il reviendra et rebondira à plusieurs reprises. En 1915, on peut penser que sa carrière est finie et, à la limite, ce n'aurait pas été une carrière négligeable. Beaucoup d'hommes politiques auraient peut-être déjà bien voulu se contenter de cette carrière. Il a finalement échoué, mais il est devenu le troisième ou quatrième personnage de la vie politique anglaise. Ce n'était pas si mal que ça ! Churchill va, pendant quelque temps, se reporter sur la peinture, va même un moment essayer d'aller sur le front dans les Flandres où il sera très mal accueilli par l'armée. Il va péniblement plus tard refaire, par la petite porte, une carrière politique.

Mais c'est vrai, je crois qu'en 1915 on peut dire que la page « Churchill 1 » est tournée et que le premier Churchill se termine avec l'échec de l'expédition des Dardanelles.

❖ **Churchill revient, en juillet 1917, en tant que ministre des Munitions. Et comment expliquer son *come back* ?**

Pendant cette période, il se lance dans une activité qu'il va conserver toute sa vie par la suite et notamment pendant ses moments de disgrâce : la peinture. Je ne pense pas que ce soit un peintre extraordinaire, même si, dans certaines ventes, les tableaux de Churchill vont atteindre des prix assez phénoménaux par rapport à la qualité de la peinture. Mais ils étaient signés Churchill !

Mis à part la peinture, il essaie quand même de ne pas se faire oublier, d'abord en se faisant nommer lieutenant-colonel d'un bataillon de fusiliers écossais sur le front des Flandres. Cela ne marche pas très bien et, finalement, il revient au Parlement où il critique un peu la conduite de la guerre. Comme la guerre s'éternise, notamment dans cette fameuse année très difficile de 1917, où il y a des mutineries en France, eh bien ! finalement on va faire appel à lui pour un poste secondaire, même si Churchill dans ses *Mémoires* cherche à lui donner un peu d'importance. Il est ministre des Munitions. Un ministre des Munitions en temps de guerre, c'est malgré tout relativement important, mais il n'est quand même pas dans un ministère prépondérant.

❖ **La guerre terminée, il est nommé ministre de la Guerre en 1919. Ministre de la Guerre quand le pays est en paix c'est somme toute un ministère relativement peu important ?**

C'est vrai ! Il aurait été ministre de la Guerre en pleine guerre alors on aurait pu dire qu'il redevenait un personnage politique important. Mais être nommé ministre de la Guerre au moment de la signature des traités, là aussi, cela semble un clin d'œil de l'histoire !

Mais Churchill, n'en doutez pas, est une forte personnalité. Il a toujours le chic pour donner de l'importance à ce qui ne l'est pas et il va utiliser son poste de ministre de la Guerre. Il est chargé de démobiliser des stocks de munitions. Il va notamment jouer un rôle important dans la croisade antibolchevique. On le reverra ultérieurement, Churchill est très anticommuniste. La Révolution russe de 1917 lui fait peur. Cette révolution, l'occident essaie de l'étouffer dans l'œuf. Il y a une coalition entre les États-Unis, la France et l'Angleterre pour essayer d'aider les Russes blancs contre les Rouges, contre les Bolcheviques. Churchill est un des hommes de cette croisade d'antibolcheviques.

❖ **D'ailleurs, il parlait même d'établir un cordon sanitaire autour de la Russie soviétique.**

Oui, Lénine a dit que « c'était le plus grand ennemi de la Russie soviétique ! »

❖ **En février 1921, Churchill devient ministre des Colonies. Quand on connaît la taille de l'Empire britannique, on peut présumer que c'est un poste important. Quel dossier devait-il piloter ?**

Il s'est occupé de pas mal de dossiers. Il y en a quelques-uns qu'il n'a pas réglé entièrement. Il y a d'abord eu tous les problèmes du Proche-Orient, avec l'éclatement de l'Empire ottoman. Il s'est créé plusieurs mandats au Proche-Orient qui ont été confiés soit à la France, comme la Syrie, le Liban, soit à la Grande-Bretagne. Churchill a géré l'Irak, la Transjordanie, la Palestine et, en Palestine, il fallait régler le problème entre Juifs et Arabes après la déclaration Balfour. Ce qui fait qu'il était très occupé également avec l'Égypte qui ne voulait pas d'un protectorat anglais. Donc il hérite de toutes les questions du Proche-Orient ; il transmettra à ses successeurs ce dossier qui continuera pendant de longues années.

Le problème qu'il réglera, c'est celui de l'Irlande puisque l'Irlande faisait alors partie du « Royaume-Uni de Grande-Bretagne et d'Irlande », mais depuis quelque temps les

nationalistes irlandais, les catholiques, réclamaient le *Home Rule,* une autonomie interne
qui avait été votée en 1912. En 1914, pour
cause de guerre mondiale, on avait repoussé
ce projet de *Home Rule,* et pendant la guerre,
les protestants avaient fait en sorte d'enterrer
ce projet. Ce qui avait créé pendant la guerre
une révolte des nationalistes irlandais, à
Pâques 1916. Au lendemain de la guerre,
éclate une véritable guerre d'indépendance
contre les forces anglaises et, pour mettre fin
à cette guerre d'indépendance, une négociation est engagée. Churchill a participé à cette
négociation qui a abouti au traité de Londres
de 1921 dont Churchill est l'un des cosigna-
taires et qui a abouti à la situation actuelle : la
séparation de l'Irlande en deux, l'Irlande du
Nord, improprement appelée l'Ulster restant
membre du Royaume-Uni qui s'appelle donc
maintenant « Royaume-Uni de Grande-
Bretagne et l'Irlande du Nord », et le Sud qui
s'appelait alors « État libre d'Irlande »
puis « Eire » et maintenant « République
d'Irlande » : donc une situation qui a commencé en 1921 et dont Churchill est à
l'origine.

❖ **En janvier 1924, nouveau coup de théâtre,
Churchill quitte les rangs des libéraux et en
novembre il est nommé, par le premier
ministre Baldwin, un conservateur, chancelier
de l'Échiquier, ce qui est l'équivalent de**

**ministre des Finances au Canada. Or, comment est-il parvenu à réintégrer les rangs du Parti conservateur ?**

Il a l'air un peu d'une girouette politique : il est conservateur, libéral, conservateur. C'est un reproche que l'on a pu lui faire et, naturellement, il s'est défendu en disant que, en gros, ce sont les partis qui changent mais que lui garde toujours ses idées. Il a expliqué son départ des rangs des libéraux par leur alliance avec les travaillistes. Il y a des élections en 1924 en Grande-Bretagne et aucun parti n'a la majorité. Les conservateurs sont battus et les libéraux vont soutenir le premier gouvernement travailliste. Or, les travaillistes, pour Churchill, ce sont des affreux bolcheviques, enfin des gens de gauche plus ou moins rose foncé sinon rouge et, lui, aristocrate, très conservateur, très anticommuniste n'accepte pas cette alliance. Il y a sans doute une raison beaucoup moins noble dans son départ : c'est que les libéraux commencent leur déclin politique puisque dans ce *Two Party System*, ce système britannique où le bipartisme l'emporte, le Parti libéral est une peau de chagrin qui se rétrécit. Les travaillistes montent et ont le vent en poupe. Comme il n'est pas question pour Churchill d'être travailliste et comme il sent que les libéraux vont finir, comme on dit souvent, « dans un taxi », c'est-à-dire qu'ils vont vous atteindre en un seul taxi la

Chambre des communes. Churchill pense que le Parti libéral n'est plus le bon choix et qu'il est temps de changer de formation ; il va donc regagner les rangs des conservateurs. Il ne va pas le faire toute de suite parce que les conservateurs lui battent un peu froid, quand même ! Alors il sera indépendant, comme « candidat antibolchevique ». Puis, finalement, il sera soutenu par les conservateurs qui le réintégreront dans le parti et lui donneront un poste important : celui de chancelier de l'Échiquier, ce qui veut dire ministre des Finances.

❖ **Comment se charge-t-il de cette fonction ?**

Il aura un rôle important qui est très controversé aujourd'hui. En effet, c'est sous son ministère qu'il y aura le rattachement de la livre à l'étalon-or. La livre avait dû être dévaluée comme presque toutes les monnaies, sauf le dollar, pendant la Première Guerre mondiale et la « city » de Londres faisait pression sur le ministère des Finances, donc sur Churchill, pour rétablir l'étalon-or. On disait que la livre devait regarder le dollar en face, il fallait que la livre soit : « *as good as gold* » « aussi bonne que l'or » et Churchill a donc participé à cette opération qui a été le retour à l'étalon-or.

Ce fut un succès de prestige, qui a effectivement rétabli la valeur de la livre par rapport au dollar. Mais cela a peut-être été très désastreux pour l'économie britannique. Certains économistes estiment encore aujourd'hui que le déclin économique de la Grande-Bretagne au XXᵉ siècle a commencé par ce rattachement à l'étalon-or, qu'on a un peu sacrifié l'économie britannique sur l'autel de sa monnaie. Il faut choisir souvent entre les finances et l'économie et le choix a été fait sur les finances.

Churchill est-il entièrement responsable ? Je ne sais trop. Toujours est-il qu'il a cédé à la « *city* » et qu'il a participé à ce rattachement.

❖ **En 1926, c'est la fameuse grève générale. Comment Churchill réagit-il à cette grève ?**

J'ai déjà souligné qu'il est un homme d'ordre et là, il le sera au premier plan. D'autres ministres auraient adopté une attitude sans doute plus conciliante, chercher des compromis. Churchill, alors qu'il n'était que ministre des Finances, a aussi débordé de son ministère pour être le véritable « ministre de l'Intérieur bis » ; il a créé un journal, parce que la presse britannique était contrôlée par les grévistes ; il a utilisé des « jaunes », c'est-à-dire des briseurs de grève ; il a été vraiment au premier plan dans cette lutte contre les grévistes. Ce qui lui a valu une nouvelle fois l'hostilité des syndicats et des travaillistes.

❖ **Vous avez dit que Churchill était un homme qui aimait l'ordre. En 1927, il prononce un discours relativement favorable à Benito Mussolini et aux fascistes italiens. Comment expliquez-vous cela ?**

Quand il écrit ses *Mémoires*, parce qu'il le fait à plusieurs reprises pour des raisons souvent alimentaires (il avait des gros besoins d'argent) disons, comme dirait un catholique qu'il pêche par omission ! Il oublie son fameux discours où il dit beaucoup de bien du régime italien et de son chef Mussolini, dans lequel il voit un homme d'ordre. Il voit dans Mussolini quelqu'un qui, justement, a empêché l'Italie de tomber peut-être dans le bolchevisme, puisqu'il y avait eu en 1919 des grèves insurrectionnelles en Italie. Donc il salue Mussolini. Naturellement plus tard, quand Mussolini deviendra l'allié d'Hitler et quand Churchill deviendra au contraire le chef de l'antifascisme international, il essaiera de faire oublier ses proclamations en faveur du fascisme italien de Mussolini.

❖ **En 1929, il est encore une fois écarté du pouvoir. Cette fois, sa traversée du désert sera relativement longue : il ne réoccupera pas un poste au cabinet avant 1939. Que fait-il pendant ses dix années ?**

En 1929, ce n'est pas lui personnellement, comme après l'échec des Dardanelles, qui est écarté du pouvoir, c'est le Parti conservateur qui perd les élections en 1929. Mais lorsque les conservateurs vont revenir au pouvoir en faveur de la Crise en 1931, il sera écarté parce que Baldwin ne l'aime pas. Il est d'ailleurs assez marginalisé au sein du Parti conservateur.

C'est véritablement sa traversée du désert sur une grande période puisque, de 1929 à 1939, il est député certes, mais il est, j'allais dire seulement député. Et pour un homme comme Churchill, ce n'est pas suffisant ! Alors il va peindre l'essentiel de ses tableaux. Il voyage beaucoup, il en profite pour faire des conférences, ça lui rapporte de l'argent. Il va écrire également dans sa propriété de Chartwell des ouvrages de réflexion politique, des autobiographies plus ou moins justificatives. Il va également se livrer à de la maçonnerie, il n'a pas peur de mettre la main à la truelle. Il a quatre enfants, et il agrandit son manoir de Chartwell...

❖ **Que sait-on de sa vie privée. A-t-il eu des maîtresses ? Des vices cachés ?**

Je ne suis pas non plus un spécialiste de la « petite histoire ». Il s'est marié en 1908 avec Clémentine Hozier. Il dit qu'il a mené une vie normale et qu'il a eu quatre enfants. Il en a eu cinq mais un est mort en bas âge. Il n'a pas défrayé la chronique par sa vie privée.

Quelques mauvaises langues ont parlé peut-être de certaines histoires d'homosexualité, peut-être avec son secrétaire. Mais je n'ai jamais vérifié et ça ne m'intéresse que médiocrement. Non, s'il a défrayé parfois un peu la chronique, c'est plutôt par une certaine propension à l'alcool et, plus tard, au grand désespoir de Roosevelt, qui était d'une santé fragile, lors des grandes rencontres au sommet, Churchill et Staline se défiaient à la vodka et au whisky. Il était grand buveur, bon vivant, grand fumeur aussi, son éternel cigare qu'il avait rapporté de son expédition à Cuba. Il fumait beaucoup le cigare en public, c'était son image. Churchill c'était le V de victoire c'était le cigare, mais grand buveur, grand fumeur, grand jouisseur quoi...

❖ **En janvier 1933, Hitler devient chancelier de l'Allemagne. Deux ans plus tard, il lance l'Allemagne dans un vaste programme de réarmement. Quand Churchill prend-il conscience de la menace que représente l'Allemagne nazie.**

Si l'on croit Churchill et certains historiens, il le fait assez tôt. Il y a des polémiques là-dessus, mais je crois que c'est vrai, qu'il a été quand même un des premiers à se rendre compte du danger allemand et peut-être même avant l'arrivée d'Hitler au pouvoir en janvier 1933. Il a fait un voyage en Allemagne en 1932, il a été assez impressionné par la vitalité de l'Allemagne et par le fait que de nombreux Allemands, pas seulement des nazis, n'avaient toujours pas digéré le *diktat*, le traité dicté de Versailles. Au moment des conférences du désarmement, Churchill est déjà un petit peu inquiet. Dès 1932, il y a les premiers discours où il met en garde le gouvernement contre une éventuelle menace allemande. Il est certain que l'arrivée au pouvoir d'Hitler, en janvier 1933, va renforcer ses positions et, dès lors, face à la politique anglaise qui est plus tôt une politique d'*appeasement*, dont le point d'ordre sera la conférence de Munich, Churchill n'a de cesse d'appeler les Anglais à la vigilance.

❖ **Étonnamment, à partir de 1936-1937, dans ses interventions au Parlement, il donne des statistiques mensuelles sur le réarmement allemand, le nombre d'avions, de chars, de canons et il est même mieux informé que le premier ministre Baldwin ou son successeur Chamberlain. Avait-il des réseaux d'informateurs ?**

Je le constate plus que je ne l'explique. Il est évident qu'il est extrêmement bien informé à tel point qu'à une occasion, au Parlement, il donne des chiffres très précis et qu'il est contredit sèchement par le premier ministre ; or peu de temps après, le premier ministre doit venir lui-même à la Chambre dire que

Churchill avait raison, que c'étaient les chiffres de Churchill qui étaient les bons !

Je sais qu'il lisait la presse allemande en détail, mais il devait avoir son propre réseau d'informations. Je n'ai pas jusqu'à ce jour percé le mystère, peut-être d'autres historiens plus compétents que moi l'ont fait, mais vous avez raison, il était extrêmement bien informé. D'ailleurs, il sera toute sa vie, un homme très méticuleux, qui s'informait très bien de tout ce qui se passait dans le monde et c'est vrai que là, il était mieux informé à certain moment que ne l'était le ministère britannique.

❖ **Ces interventions expliquent-elles qu'en septembre 1939 après l'invasion de la Pologne il soit rappelé à l'Amirauté ?**

Oui, il est rappelé alors qu'il était vraiment isolé politiquement. Notamment, il avait été l'un des rares hommes politiques à soutenir Édouard VIII au moment de sa fameuse abdication. Il connaissait Édouard VIII, on peut là aussi le soupçonner peut-être d'arrière-pensée politique. Si Édouard VIII avait pu se maintenir, Churchill espérait peut-être enfin devenir premier ministre : comme il était marginalisé au sein du Parti conservateur, il a joué la carte d'Édouard VIII. C'était la mauvaise carte puisque Édouard VIII a donc abdiqué. Churchill est donc vraiment à l'écart comme le montrent ses diatribes contre la politique de Munich, qui est comme en France plutôt bien acceptée par l'opinion publique britannique qui ne veut pas aller en guerre. Il est vraiment en dehors. Mais quand le conflit éclate, il faut quand même avoir des gens qui veulent faire la guerre et celui qui a tiré la sonnette d'alarme depuis pas mal de temps ne peut qu'être rappelé. Malgré son hostilité à Churchill, Chamberlain ne peut faire autrement. Et il le rappelle. Où ? Pas n'importe où ! Il le rappelle comme Premier lord de l'Amirauté, là où Churchill avait fait ses preuves, au début du moins, avant les Dardanelles, en 1914. D'ailleurs lorsqu'il est rappelé, le télégramme qui est envoyé à tous les navires dit seulement : « *Winston is back* », « Winston est de retour », cela suffit. Tous les marins ont compris que Winston était là.

Il y a une anecdote assez significative que raconte Albert Speer dans ses *Mémoires*. Hitler a toujours pensé que les Anglais « se dégonfleraient ». Que les Anglais et les Français qui s'étaient « dégonflés » à Munich allaient faire de même vis-à-vis de la Pologne. Ils avaient déclaré la guerre à l'Allemagne après l'invasion de la Pologne parce qu'ils ne pouvaient pas faire autrement, mais ils allaient à nouveau « se dégonfler ». Ils allaient pleurer sur la situation de la Pologne, mais la Seconde Guerre mondiale n'aurait pas lieu car la France et l'Angleterre n'allaient pas entrer en guerre. Or, quand ils ont su que Churchill était entré au cabinet de guerre, Goering s'est effondré en disant : « Churchill au cabinet de guerre, l'Angleterre va faire la guerre, c'est vraiment la guerre ! »...

❖ **Churchill est nommé premier ministre de l'Angleterre le 10 mai 1940 au moment où la France, la Belgique et la Hollande sont envahies par l'armée allemande. Comment est-il parvenu à réaliser l'union nationale ?**

C'est incontestablement la gravité de la situation qui le porte au pouvoir. Chamberlain, l'homme de Munich, a échoué pour éviter la guerre, a échoué dans la conduite de la guerre au départ. Et, un peu comme en France en 1917, on cherche quelqu'un qui est décidé à faire la guerre. En France, on trouve Clemenceau en 1917. Eh bien ! en Grande-Bretagne, on cherche l'homme qui est depuis longtemps décidé à faire la guerre, c'est Churchill !

Il est incontournable, Churchill. Ses détracteurs doivent s'incliner et il va réussir à poser ses conditions. Puisqu'il sait qu'il n'y a pratiquement que lui, il va réaliser l'union nationale, c'est-à-dire qu'il va prendre des ministres dans tous les partis. Il va faire un cabinet de guerre restreint à cinq : trois conservateurs et deux travaillistes (les deux plus importants partis de l'époque) et toutes les grandes

décisions se feront au sein de ce cabinet de
guerre.

❖ **À quel moment s'aperçoit-il que la France
sera vaincue et que l'Angleterre devra combattre seule l'Allemagne hitlérienne ?**

Je crois que c'est très précisément dès le
16 mai 1940, lorsqu'après la percée allemande
à Sedan il se rend en France. Il dit alors :
« Vous avez été battu, maintenant il faut faire
donner les réserves » et les Français lui répondent : « Il n'y a pas de réserves. » Alors là
Churchill est abasourdi : « Comment vous
avez engagé toutes vos lignes au départ ? » Il
avait surestimé sans doute le potentiel de
défenses françaises et c'est ce qui explique
peut-être que Churchill (et certains Français le
lui reprochent) a refusé d'engager toute l'aviation britannique dans la campagne de France.
Il explique en effet que l'aviation anglaise,
c'est un peu la ligne Maginot pour les Anglais.
La France malheureusement se fondait uniquement sur la ligne Maginot pour contenir
l'avance allemande. Finalement la ligne Maginot a cédé, plutôt a été contournée. La
Grande-Bretagne, étant une île, se défendait
grâce à sa flotte et à son aviation, Churchill a
dit : « Si on est battu sur le sol français, étant
donné le déferlement des armées allemandes,
je n'aurai plus rien pour défendre la Grande-
Bretagne, si je mets tous mes vaisseaux et

surtout toute mon aviation dans la défense de
la France. » Il doit, c'est son métier, défendre
avant tout le sol britannique. Donc, il n'enga-
gera qu'une petite partie de sa flotte aérienne
britannique dans la campagne de France.
Naturellement certains Français, certains historiens français, lui reprochent de ne pas avoir
« mis le paquet » pour essayer de sauver la
France.

❖ **Une fois la France vaincue, y a-t-il eu à ce
moment des tractations secrètes entre l'Angleterre et l'Allemagne ? A-t-elle été tentée par un
rapprochement, par une négociation de paix
avec Hitler ?**

Oui, c'est exact. Notamment, les premiers
ont été au moment de Dunkerque, ce qui, là
aussi, a été l'objet de débats. On dit notamment que les blindés allemands n'ont pas
forcé à Dunkerque, dans la poche de Dunkerque où l'armée française et l'armée anglaise
étaient prisonnières. Alors que les Allemands
fondaient sur Dunkerque, allaient anéantir
cette armée qui tentait de se réembarquer, les
chars allemands se sont arrêtés. On dit que
c'est parce qu'Hitler voulait ménager notamment l'armée anglaise pour obtenir, maintenant que la France était vaincue, une paix avec
la Grande-Bretagne. Il semble beaucoup plus
vraisemblable de dire que, si les chars se sont
arrêtés, c'est qu'ils étaient à court de carbu-
rant, tout bêtement.

Mais ce qui est vrai aussi, et ça on ne l'a su qu'en 1971 lorsque les papiers du *Foreign Office* ont été ouverts, que les archives ont pu être consultées, c'est qu'il y a eu par l'intermédiaire de Mussolini, qui alors n'était pas encore entré en guerre, des propositions de paix. Churchill n'en parle pas dans ses *Mémoires* et pourtant ses propositions ont bel et bien eu lieu et on a même discuté au cabinet de guerre britannique. Churchill était contre, ne voulait pas céder à Hitler, il avait vu ce que cela avait fait à Munich. Par contre, les deux autres ministres conservateurs eux, dont Chamberlain, l'homme de Munich, étaient favorables. Ils disaient que, puisque la France est « fichue » et s'apprête à signer un armistice séparé, ce qui était contraire aux conventions, on ne voyait pas pourquoi on continuerait la guerre, alors qu'on est seul : les États-Unis étaient neutres et Staline, par le Pacte germano-soviétique, était plus ou moins l'allié d'Hitler.

Ce qui a sauvé l'Angleterre et peut-être le monde, c'est aussi le vote de Churchill et des travaillistes, car les deux ministres travaillistes voulaient continuer la lutte et Churchill, bien que conservateur, n'a pas adopté la position des deux autres conservateurs. Il a voté comme les travaillistes, c'est-à-dire qu'au cabinet de guerre on a décidé de continuer la lutte, donc de ne pas en parler au ministère et au Parlement. La guerre a continué. Mais il y a eu des tentatives. On en trouvera d'autres par la suite. Par l'intermédiaire de Franco, notamment, à plusieurs reprises, Hitler essaiera d'obtenir justement une paix avec la Grande-Bretagne. Mais là Churchill restera intransigeant.

❖ **De juillet à décembre 1940, c'est la célèbre bataille d'Angleterre que Churchill a appelé « The Finest Hour ». Peut-on dire que ses discours ont rangé le peuple britannique derrière son leader ou est-ce une légende fabriquée de toutes pièces ? Churchill a-t-il eu à ce point un impact sur l'opinion anglaise ?**

« Je n'ai à vous promettre que du sang, de la sueur et des larmes », cette fameuse phrase, très belle d'ailleurs, a galvanisé la population britannique.

Je crois que Churchill a joué un rôle très important. Comme je l'ai déjà dit, c'était quelqu'un qui avait le sens de la publicité et des relations publiques. Pendant et après la guerre, il a su magnifier son rôle, mais je pense qu'il a quand même joué un rôle important. Après chaque bombardement, il se rendait dans les quartiers et on raconte que les gens allaient toucher les pans de son manteau. Dans les moments difficiles, les gens se raccrochent peut-être à un homme providentiel. Il avait un grand sens de la psychologie collective, je crois qu'il a quand même joué un rôle extrêmement important, comme dans son discours après Dunkerque, quand la Grande-Bretagne était menacée d'invasion et qu'il a dit : « Nous nous battrons sur les plages, nous nous battrons sur les falaises, nous nous battrons dans les rues, mais nous ne nous rendrons jamais. » Il fallait des discours peut-être un peu démagogiques, mais des discours de ce type pour galvaniser le peuple anglais.

Moi je crois (là je vais peut-être faire de la peine à certains Français qui sont un peu anglophobes) : heureusement il y a eu les Anglais et Churchill en 1940 parce que, il faut bien dire, nous n'avions pas été très brillants à la « drôle de guerre ». On a été battu à plate couture, on avait fait l'armistice et la collaboration, ce n'est pas très glorieux ! Les Américains étaient neutres. Il a fallu Pearl Harbor pour vraiment les décider et tardivement, en décembre 1941, à intervenir dans la guerre ; les Soviétiques, le Pacte germano-soviétique oblige, étaient plus ou moins les alliés d'Hitler. Donc si l'Angleterre avait cédé, si Churchill avait cédé, s'il n'y avait pas eu la bataille d'Angleterre, je ne serais peut-être pas là en train de vous parler. La Seconde Guerre mondiale était terminée et Hitler l'avait gagnée. Donc je crois bon que quelqu'un ait pu galvaniser le peuple anglais. Ce n'est pas Churchill qui seul a gagné la guerre, ce sont les Britanniques, mais il fallait peut-être, à un moment donné, quelqu'un pour galvaniser effectivement le peuple britannique. Churchill a été cet homme !

❖ **Entre la bataille d'Angleterre et l'entrée en guerre des États-Unis en décembre 1941, l'Angleterre est seule face à l'Allemagne nazie, quelle est la stratégie de Churchill ?**

Il est seul et c'est vrai. Il cherche donc des alliés. Il a essayé d'obtenir la neutralité de Mussolini, il espère que Mussolini qui n'est pas rentré dans le conflit restera à l'écart. Peine perdue, il essaie aussi de s'appuyer sur les États-Unis qui restent neutres. Roosevelt personnellement aurait bien voulu intervenir, mais l'opinion publique américaine était très isolationniste. Il espère au moins, et ça il l'obtiendra, une aide matérielle des États-Unis et une aide diplomatique : c'est la célèbre charte de l'Atlantique. Mais il n'empêche qu'il est toujours seul et le premier allié qu'il va obtenir, ce n'est peut-être pas celui qu'il souhaitait, étant donné son anticommunisme viscéral, eh bien c'est l'URSS ! Hitler s'apercevant qu'il n'arrive pas à venir à bout des Anglais décide en juin 1941 de se retourner contre l'URSS : c'est l'opération Barbarossa et, du coup, l'URSS (les ennemis de nos ennemis sont nos amis) se retrouve allié avec la Grande-Bretagne. Churchill se dit qu'entre deux maux il faut choisir le moindre et, surmontant son anticommunisme viscéral, eh

bien il décide de s'allier à Staline, de l'aider
dans la mesure du possible, en ravitaillant
l'URSS par le nord, par Mourmansk, d'aider
un petit peu Staline.

❖ **Lorsque les États-Unis entrent dans le conflit, Churchill et Roosevelt sont deux alliés.
Envisagent-ils la guerre de la même façon ?
Quelle est la stratégie qu'ils mettront en
commun ?**

L'entrée en guerre des États-Unis, pour
Churchill, c'est la grande délivrance. Après
s'être allié avec le diable, Staline, il préfère
s'allier avec le bon Dieu, c'est-à-dire Roosevelt, et il préfère de loin ce qu'il appelle la
« Grande alliance ».

Il va avoir (c'est très intéressant et je m'en
suis beaucoup servi) un échange de correspondance entre Churchill et Roosevelt pendant toute la guerre sur la conduite des opérations. Ils ne sont pas d'accord sur la conduite
des opérations, car Roosevelt et plus ou moins
l'état-major américain fort de sa puissance
voudraient attaquer l'Allemagne assez rapidement et au cœur de l'Allemagne, débarquer
dans la région d'Hambourg ou bien aux Pays-
Bas ou dans le nord de la France pour attaquer véritablement l'Allemagne et en finir le
plus vite possible. Churchill, qui s'est rendu
compte, lui, concrètement de la puissance
allemande (il est déjà en guerre contre l'Alle-

magne depuis pas mal de temps), essaie de dissuader les Américains en disant qu'un débarquement mal préparé serait un bain de sang. Aussi repousse-t-il le plus possible ses préparatifs de débarquement. Naturellement, Staline hurle comme un beau diable parce que c'est lui qui supporte l'essentiel de l'attaque allemande, l'attaque de Stalingrad, et il réclame l'ouverture d'un « second front » (le « premier front » étant soviétique). Les Américains seraient d'accord et Churchill, lui, résiste et il va réussir à convaincre les Américains. Le second front se limitera d'ailleurs à un raid canadien à Dieppe en août 1942 et surtout Churchill réussira à convaincre les Américains d'ouvrir non pas le « deuxième front », mais un « troisième front » en Afrique du Nord et par là, par l'Afrique du Nord attaquer le ventre mou de l'axe, c'est-à-dire l'Italie. Un débarquement en Afrique du Nord permettrait un débarquement en Sicile où l'on espère d'ailleurs plus ou moins l'aide de la mafia (la mafia qui a maille à partir avec le régime mussolinien) de là, on gagnerait l'Italie, attaquant l'Axe par le maillon faible, c'est-à-dire l'Italie.

Donc, il y a effectivement une divergence de stratégie.

### ❖ Comment ont évolué ses rapports avec Staline de 1941 jusqu'en 1944 ?

Ce fut très souvent conflictuel. Staline, peut-être pas tout à fait à tort, reprochait à Churchill de laisser l'armée nazie et l'armée soviétique se porter des coups très durs de façon que les Occidentaux tirent les marrons du feu. Il y a un historien belge qui d'ailleurs prétend que, si les Anglo-Américains ont fini par débarquer en juin 1944 sur les côtes françaises, c'était pour empêcher l'Armée rouge d'arriver pratiquement jusqu'à Brest, car la Wermarcht était déjà en pleine « déconfiture ». Alors, sans aller jusque-là, il est peut-être vraisemblable de dire que, si Churchill a tant retardé le débarquement, c'est vrai en grande partie pour des raisons stratégiques. Il fallait bien préparer le débarquement ; c'est vrai, on l'a vu, le débarquement était très difficile et, mal préparé, cela aurait été un bain de sang. Mais c'est vrai, Churchill, avait peut-être cette arrière-pensée : il n'était pas mécontent de voir ses deux ennemis jurés, ses deux ennemis mortels, c'est-à-dire les nazis et les communistes, se porter des coups très durs de façon à favoriser les démocraties occidentales.

Alors Staline n'a eu de cesse dans les fameuses conférences, notamment la première qui a eu lieu à Téhéran et ensuite la célèbre conférence de Yalta, d'essayer d'obtenir le débarquement et, après, de se partager les zones d'influence. Contrairement à une légende tenace, ce n'est pas à Yalta qu'il y a eu le partage du monde ; cela est fait avant et non pas entre les trois Grands, mais uniquement entre Churchill et Staline. C'est à Moscou en octobre 1944 où l'on peut dire carrément que Churchill et Staline se sont partagé les zones d'influence dans l'Europe orientale et balkanique. Alors avec ce très machiavélique 90 % pour toi et 10 % pour moi, moitié 50 %, 50 %... Or, là-dedans, le droit des peuples à disposer d'eux-mêmes, on ne l'évoque pas. Venant d'un dictateur comme Staline, ce n'est pas étonnant parce que la démocratie et Staline, ce sont deux choses différentes. Mais Churchill est officiellement un démocrate ; il avait signé la charte de l'Atlantique, reconnaissant justement le droit des peuples à disposer d'eux-mêmes. Or, Churchill n'a pas plus demandé l'avis des Grecs, des Polonais, dans ce partage des zones d'influence. Et, en fait, c'est en grande partie ce partage d'octobre 1944 qui a été entériné à Yalta, ce fameux partage du monde. Or, en réalité, si vous en croyez Pierre Milza et d'autres historiens, la véritable ligne de partage a été la rencontre entre les deux armées.

❖ **Ce qui est beaucoup plus réaliste, d'ailleurs.**

Oui, et c'est d'ailleurs pour ça que Churchill dans ses télégrammes à Roosevelt disait toujours : « Il importe que nous serrions la main à nos camarades soviétiques le plus loin à l'est que possible ! » Je suppose que Staline devait dire à ses généraux : « Il importe que nous serrions la main à nos camarades occidentaux le plus à l'ouest possible ! » Chacun se mettait en position de force pour l'après-guerre. La guerre froide, qu'on fait généralement démarrer en 1947, a commencé, on peut le dire, pendant la Seconde Guerre mondiale.

❖ **La guerre se termine en Europe et pourtant, deux mois après, en juillet 1945, les électeurs britanniques élisent le travailliste Attlee. Comment Churchill a-t-il pris cette défaite particulièrement amère pour lui ?**

Il l'a pris très mal et ce fut une grande surprise, je dirais peut-être plus en France où l'on a ce côté « homme providentiel » (la victoire de Clemenceau, en 1919, l'homme qui a gagné la guerre doit gagner les élections). Eh bien, en Grande-Bretagne, l'homme qui a gagné la guerre, Churchill, perd les élections. Alors comment expliquer ce que certains ont appelé justement l'ingratitude des Britanniques vis-à-vis de Churchill ? Churchill, je crois, est en grande partie responsable de sa défaite, parce qu'il a cru justement que sa popularité suffirait. Il a dédaigné de faire une campagne électorale. Il faut dire qu'à ce moment-là il y avait la conférence de Potsdam et lui, il était parmi les « trois Grands » ; il s'estimait beaucoup plus important à Potsdam que dans une campagne électorale. Il préférait discuter avec Staline, puis avec Truman puisque Roosevelt était mort entre-temps, et à la conférence de Potsdam il est persuadé qu'il sera réélu. Donc la conférence de Potsdam commence avec Churchill. Puis Churchill demande une interruption en disant : « Écoutez, j'ai une petite formalité à faire en Grande-Bretagne, je me fais réélire et je reviens ! » Puis, à la grande surprise de Staline et Truman, ce n'est pas Churchill qui est revenu, mais c'est le travailliste Clement Attlee. Churchill avait perdu les élections.

Donc il a fait une mauvaise campagne, notamment où, retrouvant son anticommunisme viscéral, il a essayé de faire passer les travaillistes, qui sont pourtant des socialistes modérés, pour des affreux bolcheviques. Il les a un peu insultés. Les Anglais n'ont pas compris puisque ses travaillistes avaient été ses ministres pendant la guerre. Ils avaient fait du très bon travail : ils avaient été des ministres s'occupant du ravitaillement des questions sociales et ils avaient fait le fameux rapport Beveridge, c'est-à-dire qu'ils avaient fait un programme qui est le fameux programme du *Welfare State*, de l'État-providence. Très pragmatiques, les Anglais ont préféré un programme politique à un homme providentiel.

Les Anglais en 1945 ne voulaient pas revenir à la situation d'avant 1945 qui était la crise de 1929, au chômage. Ils ont fait confiance aux travaillistes et ils ont « blackboulé » Churchill...

❖ **Nouvelle traversée du désert. Mais, en octobre 1951, il redevient premier ministre. Cependant il a 77 ans. Peut-il encore assumer la fonction de premier ministre ?**

Là c'est le problème des hommes politiques âgés qui ont tendance à s'accrocher au pouvoir, je crois que c'est Clemenceau (je change un petit peu la phrase de Clemenceau) qui disait : « Les cimetières sont pleins de gens irremplaçables. » Mais beaucoup d'hommes politiques se croient un peu irremplaçables. Churchill pense encore qu'à 77 ans il est en pleine possession de ses moyens, ce qui n'est pas l'avis de son médecin Lord Moran qui, dans ses *Mémoires*, dit que Churchill était (et je suis gentil) déjà assez diminué. En fait, c'est son dauphin Antony Eden qui a fait une grande partie du travail et Churchill n'avait peut-être pas toutes les facultés pour être un premier ministre. D'ailleurs, ce n'est pas la partie la plus glorieuse de sa vie que l'on retient. Le Churchill de l'histoire, le Churchill premier ministre, c'est de 1940 à 1945 et non pas le Churchill de 1951 à 1955.

❖ **Il se retire en avril 1955, comment a-t-il occupé les dix dernières années de sa vie ?**

Il était très malade et très fatigué. Il continuait à peindre, il faisait des croisières sur le yatch d'Onassis, par exemple. Il séjournera beaucoup sur la Côte d'Azur. Il restera encore député ; il le sera encore très longtemps. Mais c'est plus une figure symbolique, c'est déjà le Churchill de la légende plus que le Churchill de l'histoire. La fin de sa vie est très pénible ; il meurt presque à demi fou et, d'ailleurs, il avait une hantise, c'était de finir comme son père. Son père, on le sait aujourd'hui, est mort de syphilis, il a eu une fin très pénible, et Churchill a toujours été hanté par la mort de son père. Il est mort d'ailleurs, jour pour jour, 70 ans après lui.

*Jean Guiffan est professeur agrégé d'Histoire.*

## Pour aller plus loin

GUIFFAN, Jean, *Churchill*, Paris, Masson, 1978.

BLAKE, Robert et LOUIS, W. Roger, dir., *Churchill. A Mayor New Assessment of his Life in Peace and War*, New York, Norton, 1993.

CHARMLEY, John, *Churchill. The End of Glory. A Political Biography*, Toronto, Macfarlane Walter and Ross, 1993.

MANCHESTER, William, *Winston Churchill*, 2 volumes. vol. I : « Rêves de gloire (1874-1932) » ; vol. II : « L'épreuve de la solitude (1932-1945) », Paris, Laffont, 1983 et 1990.

MARTIN, Gilbert, *Churchill. A Life*. New York, Holt and Company, 1991.

## Roosevelt

### UN PRÉSIDENT IMPÉRIAL

*Entretien avec André Kaspi*

« *E*n premier lieu, permettez-moi d'affirmer ma conviction profonde que nous n'avons qu'une chose à
craindre, c'est la crainte elle-même, la peur sans nom,
irraisonnée, sans justifications... L'abondance est à
notre porte... Je demanderai au Congrès le seul moyen
de faire face à la crise, des vastes pouvoirs exécutifs pour
mener la guerre contre une situation exceptionnelle, des
pouvoirs aussi étendus que ceux qui me seraient confiés
si nous étions envahis par un ennemi extérieur. »
                    *Extrait du discours inaugural, 4 mars 1933.*

Paroles prophétiques, prononcées par Franklin
Delano Roosevelt, lors de son discours inaugural du
4 mars 1933. Franklin D. Roosevelt n'est pas un
président comme les autres. Élu quatre fois président, il
est à la fois l'initiateur de la présidence impériale et de
l'État-providence. Dans l'histoire américaine, il y a
l'avant-Roosevelt et l'après-Roosevelt.

Ce fils de patricien élevé dans ce que la société américaine avait de plus bourgeois et de plus aristocratique rompra avec sa classe d'origine pour sauver l'Amérique du chaos et de la révolution. En lançant le New Deal, il rompt avec le laisser-faire traditionnel et inaugure une politique d'intervention de l'État qui sera contestée par la Cour suprême et le grand capital.

Irrité et exaspéré par l'aveuglement de l'opinion américaine face aux agressions des dictatures, il devra convaincre le Congrès et le peuple américain qu'il est temps que les États-Unis assument leurs responsabilités de grande puissance.

Dans l'entrevue qui suit, André Kaspi retrace la carrière de ce très grand président.

❖ **Franklin Delano Roosevelt est un produit de l'establishment américain. Parlez-nous de son milieu familial et de son éducation.**

Franklin Roosevelt est né en 1882 dans une famille qui était établie dans la vallée de l'Hudson, dans l'arrière-pays de New York. C'était une famille riche sans excès, une vieille famille américaine. Les tout premiers Roosevelt sont arrivés en Amérique au début du XVIIᵉ siècle. Dans cette famille, on avait perdu l'habitude de travailler. On vivait de ses rentes de ses investissements dans les chemins de fer, dans les mines de charbon. Le père de Franklin Roosevelt, par exemple, qui était actionnaire d'une compagnie de chemin de fer, disposait très souvent d'un wagon personnel pour voyager. Dans ce milieu, on avait l'habitude de se rendre à l'étranger très régulièrement. Dès l'âge de trois ans, Franklin Roosevelt a fait son premier voyage en Europe. Par la suite, il en a fait beaucoup d'autres, presque chaque année.

❖ **Ce qui est rare pour un Américain de l'époque ?**

Bien sûr ! Et non seulement, c'étaient des voyages d'agréments, mais pour Franklin

Roosevelt il y eut aussi un séjour prolongé, en Allemagne, où il est allé à l'école. Cela dit, est-ce que cela signifie que ces Américains en villégiature connaissaient beaucoup les Européens ? Non, pas vraiment. Parce qu'en Europe ils rencontraient plus volontiers les aristocrates anglais. Que ce soit en France, en Allemagne, en Italie, ils rencontraient d'autres Américains. Ils aimaient beaucoup la France sans les Français, l'Italie sans les Italiens, l'Allemagne sans les Allemands. Ils restaient entre Américains. Ils connaissaient néanmoins la culture, la civilisation de l'Europe. Franklin Roosevelt a beaucoup bénéficié de cette ouverture vers l'étranger.

❖ **Pourquoi entre-t-il en politique ?**

Il entre en politique un peu par tradition familiale. Son père avait joué un rôle dans la politique locale et il avait un très lointain cousin qui était président des États-Unis : Theodore Roosevelt. Theodore Roosevelt a eu une très grande influence sur toute la jeunesse de son époque. Il a convaincu les jeunes Américains, surtout ceux qui appartenaient à l'élite, qu'il fallait se dévouer à la défense de l'intérêt commun, qu'il n'était pas juste, qu'il n'était pas satisfaisant de vivre sur ses terres sans rien faire. Qu'il fallait au contraire se mettre au service du bien public. Cela faisait partie en somme de la mentalité de cette jeunesse. Alors, tout naturellement, Franklin Roosevelt a suivi l'exemple du président Theodore Roosevelt. En 1910, il avait à l'époque 28 ans, il est entré en politique. Il a été candidat à une élection législative dans l'État de New York. Il a mené une campagne qui sortait de l'ordinaire, puisqu'il a utilisé l'automobile ; en 1910 c'était très nouveau. Il avait, toutefois, une particularité par rapport à Theodore. Alors que Theodore Roosevelt était républicain, Franklin Roosevelt, lui, était démocrate. Une différence, pas un fossé.

❖ **Quelles sont les grandes étapes de sa carrière politique, une fois passé son handicap ?**

Après avoir été élu en 1910, il a été de nouveau candidat en 1912 et de nouveau élu, mais à ce moment-là il a pris parti pour l'un des candidats démocrates à la présidence, Woodrow Wilson. Woodrow Wilson a été élu président en 1912 et a pris ses fonctions en mars 1913. Wilson a fait appel à Roosevelt pour le remercier. Il lui a confié un poste qui allait au jeune homme comme un gant. Ce poste était celui de secrétaire adjoint à la Marine. Pourquoi comme un gant ? Parce que Franklin Roosevelt avait l'habitude de faire du yacht. Il aimait la mer. Il connaissait bien tout ce qui était lié à la navigation. Pour lui, c'était à la fois un plaisir, un passe-temps, une occupation sérieuse. Et quand il est arrivé à Washington pour exercer ces fonctions en 1913, il en était tout excité, ravi, épanoui.

❖ **Partage-t-il les principes et les grands idéaux du président Wilson ?**

Complètement. C'est-à-dire qu'entre 1913 et 1920 Franklin Roosevelt est véritablement un wilsonien, depuis le début jusqu'à la fin, avec quelques nuances. Il aurait souhaité sans aucun doute que les États-Unis entrent en guerre plus tôt qu'en avril 1917. Mais disons que, pour le reste, il pense en effet que les États-Unis doivent jouer un rôle de premier plan, qu'ils ne doivent pas rester à l'écart des affaires internationales. En 1918-1919, il est pour la Société des Nations. Il participe d'ailleurs très activement à la campagne en faveur de l'entrée des États-Unis à la SDN. Toute sa vie, il a été marqué par l'influence de Wilson. Ce qui est curieux chez Franklin Roosevelt, c'est qu'il subit à la fois l'influence de Theodore Roosevelt, le républicain, et de Woodrow Wilson, le démocrate. Ce sont ses dieux tutélaires.

❖ **Mais tous les deux étaient des réformateurs sociaux ?**

Tous les deux étaient des réformateurs sociaux. Tous les deux étaient partisans du progressisme. Pas la même sorte de progressisme, il est vrai, mais il n'empêche que ce sont là véritablement les deux influences qui constituent la mentalité même de Franklin Roosevelt.

❖ **En 1920, les Républicains reprennent le pouvoir. Wilson est défait à l'élection.**

Là, je crois que Roosevelt a joué un rôle très important en 1920. Il était le candidat démocrate à la vice-présidence. Il a joué un rôle très actif.

❖ **Mais, en règle générale, le vice-président n'est pas vraiment important ?**

Le Parti démocrate lui a confié une tâche primordiale, parce qu'il était considéré comme l'un des grands espoirs du parti. Il a mené sa campagne en défendant la Société des nations. Les Américains ne voulaient pas de la Société des Nations. Les démocrates ont été battus. C'est le candidat républicain Harding qui est devenu président des États-Unis et Franklin Roosevelt s'est retiré de la vie politique. En 1920, après sa défaite, il est revenu à la pratique d'un métier qu'il avait acquis mais qu'il connaissait mal, le métier d'avocat. Il a commencé à travailler dans une grosse compagnie d'assurances. En 1921, il est frappé par la poliomyélite.

❖ **Quel impact la maladie exercera-t-elle sur le reste de sa vie, sur sa carrière et sur son caractère ? Car il faut dire que la maladie, pour lui, est une épreuve qui sera déterminante.**

Vous avez parfaitement raison. C'est une épreuve déterminante, un changement du tout au tout dans sa personnalité. Il y a l'avant-poliomyélite et l'après-poliomyélite. Il change d'abord physiquement, parce que voilà un homme qui est handicapé pour le reste de sa vie, qui ne peut pas marcher autrement qu'avec des armatures métalliques extrêmement compliquées, qui doit s'appuyer sur une canne ou sur le bras d'un autre. À la fin de sa vie, ce n'est ni la canne ni le bras, mais le fauteuil roulant. C'est un handicapé depuis 1921 jusqu'à sa mort en 1945. Il faut bien prendre conscience que c'est la première fois, dans l'histoire politique des États-Unis et d'ailleurs, qu'un handicapé accède à la magistrature suprême. Voilà le premier changement.

Le deuxième changement, c'est que l'homme acquiert de la profondeur. Autant il était un jeune homme assez léger, superficiel, qui aimait les plaisirs, qui ne détestait pas la compagnie féminine ; autant après 1921, il aime toujours les plaisirs et la compagnie féminine, mais il a pris conscience que la vie est peut-être plus complexe. Qu'il faut un peu plus lire, encore qu'il n'ait jamais beaucoup lu dans sa vie. Qu'il faut écouter les idées des autres. Puisqu'il est réduit à la station assise, qu'il ne peut plus se déplacer, il faut que les autres viennent à lui et, pour que les autres viennent, il ne faut pas parler de sa maladie en permanence. Il faut être ouvert aux autres. Il faut être charmeur, être en somme celui qui

donne beaucoup pour qu'il puisse être celui
qui reçoit beaucoup. À partir de ce moment-
là, Franklin Roosevelt prend une épaisseur
humaine, tout à fait différente de celle qu'il
avait avant 1921.

❖ **Il revient à la politique. Il est élu gouverneur de l'État de New York. En 1932, il est
choisi candidat démocrate pour l'élection à la
présidence.**

Une carrière en apparence facile. Mais en
fait elle suppose de grands efforts physiques et
politiques, puisque Roosevelt est élu gouverneur de l'État de New York en 1928 et réélu en
1930. À cette époque, le gouverneur était élu
tous les deux ans. Comme l'État de New York
est alors l'État le plus puissant de l'Union, son
gouverneur a tout naturellement vocation à
être candidat à la présidence des États-Unis.
C'est ce qui se passe en 1932. Roosevelt est le
candidat démocrate à la présidence des États-
Unis.

❖ **A-t-il un programme clairement établi ?
Rappelons qu'en 1932 c'est l'une des pires
années de la Crise. Roosevelt présente, en
pleine campagne électorale, l'idée du *New
Deal*. Est-ce une improvisation ou un programme clairement établi ?**

Un journaliste célèbre de l'époque, Walter
Lippmann, a dit de Franklin Roosevelt que cet
homme éprouvait surtout le désir d'être

président des États-Unis, qu'au fond Franklin Roosevelt n'avait pas de programme.

Alors le *New Deal*, qu'est-ce que c'est ? D'abord le *New Deal* est un slogan. Il faut, pour être élu au cours des élections présidentielles américaines, avoir un slogan. Par exemple, Woodrow Wilson avait été élu sur le thème « La nouvelle liberté ». Plus tard Truman choisira le « Fair Deal », Kennedy, « La nouvelle frontière ». Le *New Deal*, c'est la nouvelle donne. Quelque chose doit changer par rapport à ce qui existe, mais quoi ? Là-dessus, Franklin Roosevelt, au cours de sa campagne électorale, dit tout et son contraire. Il est à la fois partisan de l'équilibre budgétaire et de certaines dépenses, mais à peine parce qu'il défend l'équilibre budgétaire. Lorsqu'il deviendra président, il changera d'avis. Sur le plan de la politique étrangère, il proclame son attachement à la Société des Nations, puis il fait machine arrière. En ce qui concerne l'aide aux affaires, l'aide à l'agriculture, bref tous les aspects qui sont propres à la Crise ou à la lutte contre la Crise, Franklin Roosevelt fait ce qu'il peut pour être aussi vague que possible. Pour être élu président des États-Unis, il faut ratisser large et, pour ratisser large, il ne faut heurter personne. Pour ne heurter personne, le mieux, c'est d'avoir un programme aussi flou que possible et, dans ce domaine, Franklin Roosevelt est remarquable ; il est flou.

Pourquoi s'il est si flou, l'élit-on ? Tout simplement parce que son concurrent, le président Hoover, a l'immense inconvénient d'abord d'être le président sortant. À cette époque, les électeurs ont envie de mettre à la porte les sortants, parce que, précisément, la Crise bat son plein. Hoover est arrivé au pouvoir en mars 1929, au temps de la prospérité. Il a promis que cette prospérité durerait, puis qu'elle reviendrait. Elle n'a pas duré et elle n'est pas revenue. Le deuxième handicap de Hoover, c'est qu'il est un très mauvais candidat. Il ne sait pas plaire, ni convaincre. L'un de ses contemporains disait de Hoover que, si on lui mettait une rose entre les mains, elle se fanerait.

❖ **Arrivé au pouvoir, il met en branle, pendant la fameuse campagne des Cent jours, un programme de réforme que plus tard on appellera le *New Deal*. Selon vous, Roosevelt est-il le père de l'État-providence aux États-Unis ? Roosevelt a-t-il sauvé, grâce au *New Deal,* le capitalisme américain ?**

À votre première question, je réponds oui, sans hésitation. Franklin Roosevelt est le père de l'État-providence.

À la deuxième question, a-t-il sauvé le capitalisme américain ? Je répondrais oui, avec quelques réserves et je m'explique.

Revenons à la première question. Roosevelt a-t-il créé l'État-providence ? Il a cherché avant tout à lutter contre la crise économique et le chômage. Pour cela il a pris un certain nombre de mesures économiques, puis de mesures sociales, qui avaient pour but de remettre les Américains au travail. Parmi ces mesures, je vous donnerai deux ou trois exemples pour être clair. Il fallait donner du travail aux Américains. Il y a deux façons de donner du travail à des chômeurs ou plutôt de sauver les chômeurs. La première façon, c'est de leur donner des indemnités de chômage, c'est-à-dire on leur donne de quoi vivre, assez pour qu'ils ne meurent pas de faim. La deuxième possibilité, à laquelle Roosevelt s'est rallié, c'est de leur donner un travail. Ce n'est pas forcément un travail utile, mais c'est un travail rémunéré. Roosevelt a mis sur pied un certain nombre d'administrations fédérales, qui avaient pour but précisément de donner de l'emploi à ceux qui n'en avaient pas. Exemple : les artistes. Les artistes étaient au chômage ; ils n'avaient pas de clients. On leur demande, lorsqu'ils sont des peintres par exemple, de décorer les murs des bureaux de poste. Il y a tout un art du *Post Office* qui a été mis en place précisément pendant l'administration fédérale. Les historiens n'ont pas de travail parce que les universités ferment, parce que les High Schools n'ont pas les moyens pour continuer à exister. Qu'est-ce qu'on peut faire des historiens ? On peut éventuellement les envoyer dans les différents États pour qu'ils recueillent des témoignages de ceux qui ont survécu à la guerre de Sécession, donc des anciens esclaves qui vivent encore. On peut leur demander également de faire l'histoire d'un État, de faire l'histoire d'une ville, tout cela bien sûr aux frais du gouvernement fédéral pour qu'ils aient un travail. Roosevelt est même arrivé à donner un emploi à des rabbins. Des rabbins au chômage. Qu'est-ce que l'on peut faire de rabbins au chômage ? On leur a demandé de faire un dictionnaire hébreu-américain.

Tout cela, c'est ce que j'appellerai le traitement social du chômage. Mais ce n'est pas tout ! Il y a un aspect qui est très important. À partir de 1935, Roosevelt a fait voter des lois qui ont mis en place la sécurité sociale. La sécurité sociale, c'est l'allocation chômage et l'allocation vieillesse. Ce n'est pas l'allocation maladie, mais cela veut dire qu'il y a désormais quelque chose qui protège les Américains, à la fois contre la perte de l'emploi et contre le vieillissement. Cela existe pour la première fois dans l'histoire des États-Unis.

❖ **Ces réformes sauvent-elles le capitalisme américain, empêchent-elles qu'il y ait une révolution socialiste aux États-Unis entre 1932 et 1939 et 1941 ?**

Oui, dans une grande mesure. Je ne suis pas certain d'ailleurs que la révolution socialiste menaçait à ce point. Les contemporains le croyaient, mais ce n'était pas évident. En revanche, ce qu'on peut dire, c'est que, s'il y a treize millions de chômeurs en 1933, il y en a encore neuf millions en 1940. Le chômage a diminué mais n'a pas disparu. Le président a sauvé le capitalisme, mais c'est l'entrée en guerre, en 1941 qui a remis en marche l'économie des États-Unis. La machine économique tourne à plein pour l'effort de guerre et à ce moment-là le chômage disparaît.

### ❖ A-t-on mythifié le président Roosevelt ?

Un président est toujours mythifié, soit par les contemporains, soit par les historiens, quand ce n'est pas par les deux à la fois. Mais je pense pourtant que, si l'on tient compte de ce que Roosevelt a tenté pendant les années 1930 et de ce qu'il a réussi pendant la Seconde Guerre mondiale, Roosevelt est certainement le plus grand président des États-Unis. Non seulement parce qu'il a exercé le pouvoir pendant douze ans, ce qui n'est arrivé à aucun autre président et ce qui ne peut plus arriver, puisqu'un amendement à la Constitution l'interdit. Mais, aussi par les transformations qu'il a provoquées dans la société et dans l'économie. Et puis, par les bouleversements qu'il a amenés dans le fonctionnement du gouvernement fédéral. C'est depuis cette époque-là que Washington a pris la place qu'elle occupe dans la vie nationale et internationale. Si vous comparez le Washington de

1933 qui est un petit village avec le Washington de 1945 qui est déjà une capitale internationale, vous jugerez de l'impact que Franklin Roosevelt a pu avoir sur son époque.

❖ **Roosevelt avait-il des objectifs bien arrêtés en politique étrangère ou entendait-il poursuivre le supposé isolationnisme de l'administration républicaine ?**

Je ne répondrai pas exactement à votre question. Franklin Roosevelt, lorsqu'il est arrivé au pouvoir en 1933, avait essentiellement comme souci prioritaire la lutte contre la Crise. La politique étrangère occupe une place mineure dans cette affaire. D'ailleurs, à cette époque-là, elle n'intéresse pas beaucoup les États-Unis et les Américains. Il y a peut-être deux affaires qui sortent de l'ordinaire. La première touche à la Société des Nations. Faut-il ou non que les Américains fassent un pas en direction de la Société des Nations ? Ils ont refusé d'y entrer en 1920-1921. Est-ce qu'en 1932-1933 ils vont changer d'attitude ? La réponse est non parce que, très rapidement, il est clair qu'une grande majorité d'Américains ne souhaitent pas de changement dans ce domaine.

La deuxième affaire qui intéresse les États-Unis, c'est le lien qui peut exister entre la Crise et le reste du monde. Peut-on trouver un moyen de lutter, sur le plan international, contre la Crise ? Est-ce que l'on peut s'unir avec la France, avec l'Angleterre pour arriver à des résultats précis ? Franklin Roosevelt adopte une attitude d'abord ambiguë et finalement hostile. En juillet 1933, il participe à la Conférence économique de Londres et donne les instructions nécessaires pour que les Américains fassent bande à part. Au fond, pour les Américains, il n'y a pas de combat international contre la Crise. Il y a des combats nationaux, du chacun pour soi.

Tout s'explique aisément parce que l'isolationnisme est de plus en plus fort aux États-Unis pendant cette période. C'est un isolationnisme qui est avant tout la réaction contre la participation des États-Unis à la Première Guerre mondiale. Les Américains sont persuadés que la Grande Guerre fut avant tout un conflit déclenché par les marchands de canons et les banquiers, que les États-Unis auraient mieux fait de s'abstenir et qu'ils doivent maintenant prendre toutes les précautions nécessaires pour empêcher qu'un engagement de ce type ne se renouvelle. Il faut rester à l'écart, ne pas mettre le bras dans l'engrenage sans quoi tout le corps y passera.

Il y a peut-être évidemment une réserve. En 1931, le Japon envahit la Mandchourie et la transforme en Mandchoukouo, c'est-à-dire en un empire satellite. Évidemment, les États-Unis sont inquiets. Il ne faut pas oublier que les États-Unis ont deux côtes, la côte Atlantique et la côte Pacifique et que rien de ce qui se passe du côté du Pacifique ne les laisse indifférents. Ils voudraient arrêter les agressions japonaises. Ils ne savent pas très bien comment, mais en tout état de cause, je le répète, la politique étrangère n'est pas le souci prioritaire de Franklin Roosevelt en 1933.

❖ **Aux États-Unis, comment réagit-on à l'expansionnisme nazi ?**

Très curieusement, on réagit de manière contradictoire. D'un côté, aucune sympathie pour l'expansionnisme nazi, mis à part dans des groupuscules dont l'influence politique est négligeable. Le peuple américain est opposé au nazisme. Il n'y a aucune inclination pour Hitler même si, pendant un temps, Mussolini a suscité des sympathies américaines, notamment dans les années 1920 et au tout début des années 1930. En revanche, les Américains ne veulent pas que leur pays glisse dans un conflit. À partir de 1935, ils mettent en place une législation isolationniste de plus en plus rigoureuse. Des lois empêchent précisément le président des États-Unis d'aider les belligérants, de prendre parti pour l'un ou pour l'autre. Il faut, à tout prix, que les Américains restent à l'écart de toutes les batailles qui s'annoncent en Europe. Franklin Roosevelt est très embarrassé parce que, lui, il a depuis très longtemps un penchant internationaliste. Bien qu'il ait milité en faveur du wilsonnisme et de la Société des Nations, il est avant tout un homme politique. Il va dans le sens du vent. Il citait une formule simple et percutante. Il disait qu'un leader, un leader politique, est avant tout celui qui suit l'opinion. Dans cette affaire, Franklin Roosevelt suit l'opinion et l'opinion n'est pas favorable. C'est vous dire qu'il y a vraiment entre 1935 et 1938, en dépit du réarmement allemand, de la remilitarisation de la Rhénanie, de la guerre civile en Espagne, de la guerre d'Éthiopie que mènent les Italiens, volonté inébranlable des Américains de n'être pas parties dans le prochain conflit.

❖ **Croit-on encore que, somme toute, il est préférable pour la nation américaine de rester à l'écart ? Roosevelt partage-t-il cette opinion ou comprend-il que l'expansionnisme nazi entraînera inévitablement une guerre ?**

Vraisemblablement, Roosevelt est assez lucide pour comprendre que les Américains n'échapperont pas à la prochaine guerre. Mais, d'un autre côté, je vous le répète, la force de l'isolationnisme est si grande aux États-Unis que Roosevelt ne peut pas y résister. J'ajouterais d'ailleurs qu'il y a encore une explication. C'est que les Américains sont convaincus dans les années 1930, que l'océan Atlantique constitue une barrière infranchissable. Qu'en Europe l'armée la plus forte du monde, c'est l'armée française. L'armée française arrêtera les Allemands. Que sur les mers, la flotte bri-

tannique est invincible et qu'en conséquence
elle continuera à ériger une barrière entre les
mauvais Européens, c'est-à-dire les Allemands
nazis, et les bons Américains. Les Américains
sont convaincus que les Français et les Anglais
les protègent. Pourquoi, dans ces conditions,
investiraient-ils beaucoup dans leur défense
du côté de l'Europe puisque n'importe comment il y a des démocraties occidentales qui
s'en chargent. En revanche, à partir de 1937,
ils suivent de très près les affaires asiatiques,
parce que le Japon continue sa progression, et
envahit la Chine en 1937, qu'il faudrait aider
la Chine, que la législation isolationniste
empêche précisément toute aide à la Chine. Il
faut trouver des moyens détournés de soutenir
la Chine, sans la soutenir tout en la soutenant,
et condamner les agresseurs, notamment
l'agresseur japonais. Ce sont évidemment des
exercices d'équilibriste. Roosevelt y est particulièrement apte. En tout état de cause, la
politique étrangère des États-Unis n'est ni
simple ni efficace. Conclusion : la politique
étrangère des États-Unis, avec son inefficacité,
contribue sans aucun doute à l'affaiblissement
et de l'Angleterre et de la France. Ni l'Angleterre ni la France ne peuvent compter sur
l'allié américain. Si Paris et Londres avaient
pu, au moment des tensions et des négociations avec Berlin, être certains que, derrière
eux, il y avait Washington, à ce moment-là,
cela aurait changé le rapport des forces.

L'absence des États-Unis dans les relations internationales contribue à l'affaiblissement du système démocratique et au renforcement des pays totalitaires.

❖ **7 décembre 1941, Pearl Harbor. Roosevelt savait-il que les Japonais se préparaient à attaquer et aurait-il laissé faire pour convaincre l'opinion américaine d'entrer dans le conflit ?**

Je suis un historien prudent. Il est possible qu'un jour ou l'autre on découvre des preuves qui vont à l'inverse de ce que je vais vous dire. Dans ce cas, vous oublierez ce que j'ai dit aujourd'hui.

Premièrement, il y a eu huit enquêtes qui ont été menées aussi bien par le Congrès que par l'administration pour essayer d'expliquer Pearl Harbor. Ces huit enquêtes ont conclu que le président Roosevelt ignorait que les Japonais allaient attaquer Pearl Harbor. Roosevelt et ses conseillers savaient que les Japonais s'apprêtaient à attaquer, mais attaquer quoi ? C'est cela le grand problème. Ils n'ignoraient pas les intentions des Japonais, pour la bonne raison que les Américains avaient brisé le code de la marine japonaise et pouvaient donc lire, à livre ouvert, dans les instructions de l'état-major impérial. Mais pas cependant assez pour pouvoir localiser la prochaine attaque. Lorsque la flotte japonaise a traversé, silence radio, le Pacifique Nord, les Américains ne l'ont pas repérée.

Ils croyaient que les Japonais attaqueraient les Philippines ou l'Insulinde, qui est aujourd'hui l'Indonésie, ou Singapour. C'est-à-dire en fait de l'autre côté du Pacifique. Ils ne s'attendaient pas qu'ils frappent le territoire américain, parce que Hawaï, c'est le territoire américain. C'est l'une des principales bases navales de la marine américaine, la principale pour le Pacifique. La flotte du Pacifique mouille dans le port. On imagine mal Roosevelt sachant que les Japonais allaient frapper à Pearl Harbor et, pour mieux convaincre ses compatriotes qu'il faut entrer en guerre, laissant couler une grande partie de la flotte dont il aurait besoin par la suite pour combattre les Japonais. On peut évidemment lui prêter toutes sortes de plans machiavéliques, mais il me semble difficile de lui attribuer et du machiavélisme et la bêtise la plus profonde.

Roosevelt savait que les Japonais attaquaient ou attaqueraient, mais il ne savait pas où ils attaqueraient.

❖ **Le 8 décembre 1941, les États-Unis déclarent la guerre au Japon. Hitler, le surlendemain, déclare la guerre aux États-Unis. Pourquoi Roosevelt décide-t-il de privilégier le théâtre européen, plutôt que le théâtre du Pacifique ?**

Votre question appelle deux réponses. Première réponse : pourquoi les États-Unis ont-ils déclaré la guerre au Japon, et pas à l'Allemagne ?

Le Japon vient d'attaquer les États-Unis. Roosevelt sait qu'Hitler, lié au Japon, viendra au secours du Japon. Il vaut donc mieux, sur le plan de l'opinion publique, que les Allemands déclarent la guerre aux États-Unis. C'est une dernière finasserie de Roosevelt.

Deuxième question : pourquoi la priorité à l'Atlantique ? C'est une tradition dans tous les plans de l'état-major américain, tels qu'ils ont été mis au point avant la guerre de 1914-1918 où entre les deux guerres mondiales. Les Américains ont toujours considéré que l'ennemi principal, c'est l'Allemagne. Si l'Allemagne est défaite, les Japonais ne pourront pas tenir longtemps seuls. En somme, il faut d'abord consacrer tous ses efforts à l'Allemagne et ensuite au Japon. Cela n'empêche pas les Américains de porter secours aux Anglais, puisque les Anglais combattent contre l'Allemagne. Entre juin 1940 et juin 1941, les Anglais sont les seuls à combattre Hitler. Il faut les aider en priorité. À partir de décembre 1941, les Américains continuent de porter secours aux Anglais et, dans le même temps, engagent le combat dans le Pacifique. Désormais, ils mènent une guerre sur deux fronts. Dès le mois de juin 1942, les Américains remportent une première bataille navale qui est l'une des grandes batailles de cette époque, au large des îles Midway, avec des porte-avions, une flotte de bombardiers et de chasseurs. Tout en accordant la priorité à l'Atlantique, ils ne délaissent pas le Pacifique. Ils combattent des deux côtés.

❖ **On connaît l'antipathie du président Roosevelt pour de Gaulle, mais pourquoi ?**

Allez savoir ! Il est évident que le général de Gaulle n'avait pas d'antipathie particulière à l'encontre de Roosevelt. Il a mis assez longtemps à se rendre compte que Roosevelt ne l'aimait pas. Parce qu'au fond la grande ambition du général de Gaulle, c'était de s'entendre avec le président Roosevelt. Roosevelt n'aimait pas de Gaulle, parce que de Gaulle était un militaire qui n'avait pas été élu, qui avait décidé tout seul de représenter la France et de continuer la guerre. Il n'avait pas beaucoup de sympathie pour de Gaulle, parce que de Gaulle, à ses yeux, c'était le protégé des Anglais et qu'en conséquence il ne se sentait pas de responsabilités à l'endroit de de Gaulle. Il n'avait pas non plus de sympathie pour de Gaulle parce qu'à mesure que les années passaient, Roosevelt est de plus en plus entêté dans cette antipathie, y était englué et ne trouvait pas les moyens d'en sortir. Son entourage essayait de l'en dissuader, y compris en 1944, mais Roosevelt persistait. C'était devenu une sorte d'idée fixe. De Gaulle, ressassait Roosevelt, n'obtiendra pas les suffrages des Francais. Il ne représente pas la France. Un autre surgira des profondeurs du pays pour incarner la résistance. Bref, Roosevelt a fait tout ce qu'il

pouvait pour découvrir un substitut à de
Gaulle. Par exemple en 1942-1943, il a soutenu le général Giraud. En fin de compte, la
réconciliation est venue difficilement après le
débarquement de Normandie, lorsque de
Gaulle a fait le voyage de Washington en juillet
1944. Là, de Gaulle a pensé que c'était la
réconciliation. Il a appris un peu plus tard que
Roosevelt continuait à raconter des plaisante-
ries peu agréables sur lui, que Roosevelt continuait à dire que de Gaulle était avant tout
égoïste.

Il n'empêche que, le 23 octobre 1944, le
président Roosevelt a reconnu le gouvernement provisoire de la République française
comme le gouvernement *de facto*. Vous allez
me dire, c'est un peu tard. Roosevelt est allé
en Yalta en février 1945 et le général de Gaulle
n'a pas été invité. Au retour de Yalta, le président Roosevelt a fait escale à Alger. Il a
demandé à de Gaulle de venir le rejoindre
pour lui apprendre ce qui s'était dit dans cette
conférence internationale et de Gaulle a
répondu : « Je ne me dérangerai pas pour aller
rendre visite en terre française à un chef d'État
étranger. C'est l'inverse qui doit se passer. » La
petite histoire, parce qu'au fond la petite histoire comporte aussi des mérites, raconte que
de Gaulle s'est trompé, parce qu'il avait reçu
un message du président Roosevelt qui disait :
« I request your presence » et « to request »,
traduit en mauvais français, veut dire « je

requiers », donc, « j'exige ». Tandis que si Roosevelt avait écrit « I demand your presence », de Gaulle y serait peut-être allé, ce qui pourtant aurait été le contraire de la requête, mais l'exigence.

❖ **Guerre oblige, Roosevelt, Staline et Churchill deviennent des alliés. À quel moment Roosevelt s'aperçoit-il que l'Angleterre ne pourra plus jouer un rôle privilégié dans l'Europe de l'après-guerre ? Quand Roosevelt saisit-il que l'URSS se comporte comme une grande puissance et que ses objectifs sont opposés aux objectifs américains ? Quand Roosevelt cesse-t-il de croire qu'il peut s'entendre avec Joseph Staline ?**

Roosevelt a longtemps nourri cette illusion. Il était persuadé que Staline était un dictateur. Il n'avait aucune sympathie pour les idées communistes. Il les a condamnées en 1940 dans une déclaration publique. Mais à partir du moment où Roosevelt s'est aperçu que Staline ne pouvait pas être convaincu aussi facilement, qu'il n'était pas en somme l'un de ces hommes politiques auxquels on tape sur l'épaule en les forçant à devenir amis, Roosevelt a senti que la guerre froide arriverait. S'il faut vraiment dater le changement, je crois que c'est de la fin de 1944 — début 1945. Lorsque Roosevelt meurt le 12 avril 1945, il sait bien que le monde de l'après-guerre sera fait de frictions et de tensions. Peut-être espère-t-il malgré tout qu'il n'y aura pas une autre guerre.

*André Kaspi enseigne l'histoire de l'Amérique du Nord à l'Université de Paris I.*

## Pour aller plus loin

KASPI, André, *Les Américains,* volume I, « Naissance et essor des États-Unis 1607-1944 » ; volume II, « Les États-Unis de 1945 à nos jours », Paris, Seuil, coll. « Point Histoire », 1991.

KASPI, André, *Franklin Roosevelt,* Paris, Fayard, 1988.

KASPI, André, *La vie quotidienne aux États-Unis au temps de la prospérité, 1919-1929,* Paris, Hachette, 1994.

ARTAUD, Denise, *L'Amérique en crise. Roosevelt et le New Deal,* Paris, Armand Colin, 1987.

DALLEK, Robert, *Franklin D. Roosevelt and American Foreign Policy, 1932-1945,* New York, Oxford University Press, 1979.

FOHLEN, Claudo, *L'Amérique de Roosevelt,* Paris, Imprimerie nationale, 1982.

LEUTCHTENBURG, William E., *Franklin D. Roosevelt and the New Deal,* New York, Harper, 1963.

SCHLESINGER, Arthur M., *The Age of Roosevelt,* volume I, « The Crisis of the Old Order », 1958 ; volume II, « The Coming of the New Deal », 1959 ; volume III, « The Politics of Upheaval », 1960, Boston, Houghton Mifflin Company.

# Mussolini

## LE DUCE

*Entretien avec Pierre Milza*

Aux élections de novembre 1919, le candidat fasciste Benito Mussolini obtient 4795 voix dans la ville de Milan alors que son adversaire socialiste en obtient 170 000. Découragé l'ex-député socialiste pense abandonner la politique et songe à émigrer aux États-Unis. Trois ans plus tard, 26 000 membres du mouvement des escouades fascistes entrent à Rome et le roi invite Mussolini à former un gouvernement. Que s'est-il passé pour qu'en moins de trente-six mois un parti marginal dirigé par un chef opportuniste et charismatique se fasse confier la direction d'un pays ? Quel rôle ont joué les classes dirigeantes italiennes dans l'arrivée au pouvoir de cet aventurier de la politique qu'était Benito Mussolini et pourquoi le mouvement socialiste italien a-t-il été incapable de s'opposer à la vague fasciste ?

Cinquante ans après la chute du fascisme, ces questions continuent d'attirer les historiens qui multiplient les recherches et les travaux.

L'homme qui fonde en 1919 le faisceau de combat est impressionnant : né le 25 juillet 1883 à Predappio en Romagne, d'un père forgeron, cabotin et militant dans l'aile extrémiste du socialisme italien, Mussolini sera instituteur, manœuvre et journaliste. Après un séjour en Suisse où il fréquente les milieux socialistes, il est fasciné par le syndicalisme révolutionnaire et par Albert Sorel qui lui fait comprendre le rôle de la violence en politique. En 1912, il devient directeur du journal socialiste L'Avanti et l'échec de la grève générale de juin 1914 (Semaine rouge) lui fait comprendre l'inertie et le verbillage creux des socialistes qui sont incapables de mener une véritable action politique. Partisan de l'intervention de l'Italie dans la guerre de 1914, il est expulsé du Parti socialiste et met sa plume au service des milieux d'affaires intéressés par le conflit.

Homme d'action plus qu'opportuniste, Mussolini a compris la force d'attraction du nationalisme et du syndicalisme révolutionnaire. Dès lors son objectif est de former un mouvement qui combinera les tendances anarcho-syndicaliste et la ferveur nationaliste des masses italiennes. De 1922 à 1943, Benito Mussolini dirigera l'Italie et tentera de construire un nouveau type de société où l'individu est totalement soumis à l'État. Populaire au début, le régime sera durement frappé par la crise économique, tant et si bien que le Duce tentera de rallier le peuple par une aventure coloniale et une alliance avec l'Allemagne nazie. L'entrée en guerre en 1940 et les défaites entraîneront la déchéance et la chute du régime en 1943.

❖ **À la fin de la Première Guerre, en 1918, dans quelle situation se trouve l'Italie ?**

En 1918, l'Italie subit avec une violence accrue les effets de la crise qui frappe le monde occidental. Les difficultés de l'après-guerre se conjuguent avec le retard qu'elle a accumulé dans les domaines économique et social. Ce retard se traduit par des disparités importantes entre les différentes catégories de la société, mais plus encore entre une Italie du Nord, déjà industralisée, occidentalisée, très proche de l'Europe du Nord et une Italie du Sud, véritable boulet méridional, dont la guerre n'a fait qu'accentuer le sous-développement. À partir de 1919, l'Italie est obligée en outre de faire face au problème du retour à la paix vécu par bon nombre d'Italiens comme une humiliation puisque sortie de la guerre dans le camp des vainqueurs, l'Italie est finalement traitée comme un pays vaincu. La situation est donc extrêmement tendue et difficile tant du point de vue économique et politique que psychologique.

### ❖ Peut-on parler de situation révolutionnaire en 1919 et en 1920 ?

Il y a incontestablement les germes d'une situation révolutionnaire dans ce pays. Le suffrage quasi universel a été adopté peu de temps avant la guerre, alors que l'intégration des masses ne s'était pas encore opérée. Dans ce contexte d'atomisation sociale, la guerre a fait resurgir un certain nombre de revendications jusque-là contenues depuis très longtemps. De plus, des promesses ont été faites, notamment celle de la terre aux paysans lorsqu'il a fallu retendre les énergies populaires après la défaite de Caporetto. La révolution naît donc avant tout dans les campagnes, pas dans le midi de l'Italie mais en Toscane, en Vénétie, en Émilie-Romagne et surtout dans la plaine du Pô. Dans ces régions où règne depuis la fin du XIXᵉ siècle un socialisme agraire très puissant, la situation est explosive dès les premiers mois de 1919 avec des soulèvements de paysans qui, curé en tête, le « curé rouge » disait-on à l'époque, s'emparent des terres des grands propriétaires. En ce qui concerne les régions du triangle industriel : Milan, Turin, Gênes, la situation devient révolutionnaire un peu plus tard, dans le courant de l'année 1920 et plus particulièrement durant l'été. Une vague de grèves, la première en Occident des trois grandes vagues massives de 1920, 1936, 1968, mobilise trois millions de chômeurs qui occupent les fabriques, comme on disait à l'époque : La Fiat, l'Alpha Roméo et beaucoup d'autres usines. Les ouvriers, quelquefois en armes, s'emparent de l'instrument de travail et créent des conseils sur le modèle bolchevique. Désormais, l'Italie est vraiment dans une phase révolutionnaire.

❖ **La droite, elle, a Benito Mussolini qui, jusqu'en 1915, était socialiste. Avait-il un véritable programme en 1919 et 1920 ? Ou a-t-il évolué en tenant compte de la conjoncture ?**

Mussolini a suivi l'évolution de beaucoup d'intellectuels de dirigeants socialistes européens d'avant 1914. Il appartient à la gauche révolutionnaire du Parti socialiste qui, dans les années 1911 et 1912, en vient à exclure ceux qui pactisent avec la bourgeoisie lors de la guerre de Libye. Avant la Première Guerre, Mussolini n'est pas forcément un opportuniste même s'il a un caractère d'aventurier politique. Cependant la guerre est pour lui un révélateur comme pour beaucoup d'autres socialistes ou syndicalistes révolutionnaires. Elle représente la chance de la révolution, la possibilité de se débarrasser enfin en bloc de la bourgeoisie. Mussolini veut donc y participer sans être déjà pour autant un « leader fasciste ».

Comme pour beaucoup d'hommes de sa génération, la guerre de Mussolini est celle d'un combattant dont le courage, sinon l'héroïsme accentue les tendances nationalistes. Cette évolution l'amène, au lendemain du conflit, à prendre la tête d'un groupuscule qui cherche à réaliser une synthèse entre le syndicalisme révolutionnaire et la nation. Plus qu'un programme au sens où on l'entend pour le Parti bolchevique, cette tendance de synthèse entre la révolution et la nation qui définit le fascisme est plutôt un *patchwork* de revendications maximalistes allant de la nationalisation des banques à la confiscation des profits de guerre et de certaines terres de grands propriétaires. Le projet est tellement extrémiste que Mussolini ne le consigne que tardivement dans son journal et sous une forme passablement édulcorée. En 1921 lorsque naît le Parti national fasciste, son programme est beaucoup plus réactionnaire. Le fascisme s'inscrit dans l'évolution d'un mouvement authentiquement révolutionnaire devenu dans une second temps l'instrument de la contre-révolution.

❖ **Parlant de contre-révolution, comment les fascistes arrivent-ils au pouvoir ?**

Les fascistes arrivent au pouvoir dans un contexte de délabrement du pouvoir libéral qui n'arrive plus à s'appuyer sur une majorité parlementaire. Toute une partie de la classe dirigeante est aux abois devant la menace révolutionnaire. Elle a senti passer le vent de l'histoire durant l'été 1920 et redoute, tout en l'amplifiant, le péril bolchevique. Les forces conjuguées de l'ancien régime et de la bourgeoisie libérale soutiennent alors ce mouvement dont le comportement contre-révolutionnaire l'emporte sur la phraséologie révolutionnaire.

Pourtant la force du fascisme est bien d'être un mouvement de masse, à l'origine authentiquement révolutionnaire. Les 300 000 militants existent incontestablement. Il y a une réelle spontanéité, une autonomie du mouvement fasciste, né de la guerre, des frustrations des combattants et non fabriqué par le grand capital comme cela a été écrit il y a 15 ans, il y a 20 ans dans la presse 68.

En même temps, il jouit de complicité formidable dans l'appareil d'État. La couronne qui se sent menacée aurait pu briser la montée du fascisme, l'arrêter même, au moment de la Marche sur Rome. Lorsqu'elle appelle finalement Mussolini au gouvernement, ce n'est pas le fascisme qui arrive au pouvoir, c'est Mussolini. La fraction de la classe dirigeante qui le soutient pense que c'est un jeu tout à fait provisoire et qu'il sera ensuite facile de le manipuler.

Au départ, Mussolini prend son temps. Il ne brusque pas ceux qui l'ont amené au pouvoir. Certes, il prépare le terrain en arrivant avec une petite minorité de ministres fascistes, mais il essaie aussi de retenir son mouvement même si la terreur ne disparaît pas des campagnes et même des villes. C'est alors que se produit une grave « bavure » qui fait reculer le mouvement : l'assassinat de Matteotti. Mussolini voulait donner une « bonne leçon », de l'ordre du matraquage, à Matteotti qui menaçait de dénoncer devant la tribune de l'Assemblée nationale les exactions fascistes pendant la campagne électorale. Probablement avec la complicité mais pas à l'instigation de Mussolini, le leader socialiste est finalement enlevé devant son domicile par un commando de squadris, des fascistes purs et durs qui le tuent à coups de couteaux. En Italie, la réaction est immense. Un certain nombre d'intellectuels fascistes qui avaient un petit peu fait un bout de chemin avec Mussolini l'abandonnent comme Benedetto Croce. Au sein même du parti, ceux qui avaient cru dans l'aspect véritablement populiste, révolutionnaire du fascisme, déchirent leurs cartes. À ce moment-là, le mouvement est en crise. Mussolini pense à quitter le pouvoir, à s'expatrier même et puis, au début de 1925, il reprend les choses en main. Il lui faut encore deux ans et pas mal de provocations policières avec les attentats ou pseudo-attentats pour prendre finalement la décision, en 1926, de transformer cette dictature larvée en véritable dictature à vocation totalitaire.

❖ **Quelles sont les grandes réalisations du fascisme italien entre 1926 et 1940 ?**

Ces grandes réalisations ont été fortement montées en épingle par le régime. Mais la propagande n'en recouvre pas moins des réalités incontestables. Certaines sont savamment orchestrées : le sauvetage de la lire, les fameuses batailles du blé qui permettent à l'Italie de devenir autonome dans sa consommation alimentaire en particulier de pain, d'autres sont spectaculaires comme les autoroutes et les lignes de chemin de fer. Il y a aussi une œuvre coloniale qui est apparue, il y a une trentaine d'années, comme de l'impérialisme aux yeux des Français et des Anglais qui venaient eux-mêmes de pratiquer à cette époque ce qu'ils appelaient justement une œuvre coloniale. Enfin et surtout, il y a une volonté de consensus social qui permet l'intégration des masses grâce à la mise en place d'une réelle législation sociale, jusque-là très faible en Italie. Si l'on essaie d'être objectif, sans pour autant encenser un régime de terroristes totalitaires qui a des côtés horribles, cela fait un certain nombre d'éléments qui peuvent être portés au crédit du facisme. Il demeure que le prix à payer est très cher même si la répression n'est pas comparable avec celle qui est pratiquée par l'hitlérisme et le franquisme. La législation antisémite apparaît très tard et un peu à contre-courant, mais, à partir des années 1930 et de la Crise, le régime sous-tend une politique de marche à la guerre. Une des principales caractéristiques du fascisme réside dans ce choix de l'éthique guerrière et d'une logique belliqueuse. Au-delà de ces réalisations, quelquefois dérisoires, il y a la volonté du Duce d'engager son pays dans un processus de conquête qui l'amène tout droit aux événements de la fin des années 1930.

### ❖ Le régime de Mussolini peut-il être qualifié de totalitaire ?

L'ampleur de l'enrégimentement des masses, la recherche d'un consensus populaire, l'encadrement d'un véritable parti unique prouvent que le régime est effectivement totalitaire si totalitarisme veut dire alignement sur un modèle, absorption de la société civile par le politique, recherche d'un homme nouveau sous-tendue par l'idéal du guerrier. Cet homme nouveau, tel qu'il est présenté par rapport à la société bourgeoise, c'est le soldat laboureur dont on va rechercher le modèle dans l'Antiquité.

Que ce totalitarisme soit parfait, achevé, ce n'est pas le cas mais aucun totalitarisme n'est achevé pas plus le stalinisme que l'hitlérisme. Il y a un degré inférieur dans la totalitarisation du régime faciste par rapport à l'Allemagne et à l'Union soviétique mais la volonté, les choix, l'encadrement et le modèle sont totalitaires.

❖ **Mais pourquoi en Italie ne trouve-t-on pas le racisme et l'antisémitisme qu'a développés le nazisme, l'hitlérisme ?**

Le nazisme hérite comme le vichysme d'une culture dans lequel le racisme constitue le ciment de la pensée d'extrême droite. En Allemagne comme en France, le raciste a fait partie de l'idéologie à extrême droite dès l'origine. En revanche, il n'y a pas de racisme dans la culture italienne. Les racines de gauche du fascisme italien sont en outre plus fortes qu'en Allemagne ou en France encore que l'on trouve ces racines dans tous les mouvements et qu'il existe aussi un racisme de gauche.

À la veille du premier et du second conflit mondial, il y a une quarantaine de Juifs en Italie. Qu'il existe un antijudaïsme traditionnel catholique en Italie, c'est incontestable, mais le fascisme ne s'imprègne pas d'antisémitisme. Mussolini, lui-même, n'était pas antisémite. S'il le devient, et le fascisme avec lui, au milieu des années 1930, c'est surtout pour ces raisons d'opportunisme international. Dans sa volonté conquérante en Méditerranée, Mussolini, qui était plutôt en bon rapport jusque-là avec le sionisme, choisit les Arabes contre les Juifs.

À la fin des années 1930, il y a aussi l'alignement sur l'Allemagne nazie, puis le fait qu'en voulant se durcir et se donner une cohérence idéologique, le fascisme était amené à intégrer le racisme. Mais aussi d'être antijuif, le racisme en Italie a été antinoir. Fortement influencé par la guerre d'Éthiopie, un racisme méprisant à l'égard de la population de ce pays a précédé la vague d'antisémitisme.

### ❖ Mussolini s'aligne sur Hitler dès 1936, 1937, choix délibéré ou nécessité ?

La grande idée de Mussolini, c'est que l'Italie doit être un pays d'une grande vitalité démographique à l'opposé des natalités décadentes des modèle français et britannique. Il y a donc nécessité de radicaliser le régime et c'est l'Allemagne qui sert alors de modèle. Le rapprochement avec l'Allemagne, en 1936, est un choix idéologique délibéré de la part du Duce et de son entourage, Farinacci, Pavolini, Rocco et non une espèce de suivisme dans le contexte de l'alliance allemande. Le débat n'est cependant pas clos entre les historiens, surtout extérieurs à l'Italie, qui croient à un alignement et à une imitation purs et simples. Cette vision a prévalu en France pendant assez longtemps, mais elle est aujourd'hui un peu dépassée par les travaux de Renzo De Felice qui a montré que Mussolini avait choisi délibérément la radicalisation totalitaire de son régime en 1936-1937 en se démarquant de la France et de l'Angleterre, producteurs de laxisme.

❖ **Le fascisme italien est-il alors un accident de l'histoire ou le résultat de l'évolution de l'histoire italienne depuis l'unification ?**

Ce n'est certainement pas une parenthèse. Le fascisme n'est pas apparu un beau matin pour disparaître en 1943 ou 1945. C'est le résultat d'une histoire italienne, de la contradiction de la société italienne, le produit de la guerre, de la manière dont l'Italie y est entrée et dont elle en est sortie. Aujourd'hui, la majorité des historiens italiens se rallient à ces positions contraires à celles de Benedetto Croce qui a inventé l'idée de la maladie morale ou de la parenthèse. Cependant le fascisme ne ressort pas de toute l'histoire italienne dans la longue durée. Il n'a aucun caractère d'inéluctabilité. L'historien Federico Chabod a très bien montré qu'il y avait des des potentialités dans l'industrialisation de l'Italie dans les années 1880 qui pouvaient donner naissance à tout autre chose. Il y a incontestablement une filiation entre l'histoire de l'Italie et les origines mentales du fascisme, mais il n'y a pas de lois qui font que l'histoire n'est que le produit d'un certain nombre de composantes. Ce qui existe, en revanche, incontestablement, ce sont les responsabilités historiques.

*Pierre Milza est professeur à l'Institut d'études politiques de Paris.*

## Pour aller plus loin

Milza, Pierre, *Fascisme français. Passé et présent,* Paris, Flammarion, 1987.

Milza, Pierre, *Les fascismes,* Paris, Seuil, coll. « Point », 1992.

Milza, Pierre, Berstein, Serge, *Le fascisme italien. 1919-1945,* Paris, Seuil, coll. « Point », 1980.

Berstein, Serge, Milza, Pierre, *L'Italie contemporaine. Des nationalistes aux Européens,* Paris, Armand Colin, 1973.

Lyttelton, Adrian, *The Seizure of Power, Fascism in Italy 1919-1929,* Princeton, Princeton University Press, 1987.

# Staline

## LA CONSTRUCTION
## D'UN MYTHE

*Entretien avec Lilly Marcou*

*L*e 6 mars 1953, Radio-Moscou annonce « que le cœur de Staline a cessé de battre ». Pour les communistes de Russie et du monde entier, cette nouvelle provoque un immense désarroi.

« Grandiose bâtisseur du communisme, génial continuateur de Marx, Engels et Lénine, le géant de la pensée et de l'action, le cerveau le plus puissant de notre époque, le coryphée des sciences, la sagesse de la vérité, le guide immortel de l'humanité. » Bien qu'incomplète, ce ne sont que quelques-unes des formules et métaphores utilisées pour glorifier le grand disparu. Sa mort a donné lieu à un déluge de témoignages qui nous laissent perplexe aujourd'hui, mais qui révèlent le culte entourant alors celui qu'on appelait le « génial petit père des peuples ».

Mythifié de son vivant, le successeur de Lénine a dirigé l'Union soviétique de 1928 à 1953. Maître d'œuvre de la collectivisation de l'agriculture et de l'industrialisation accélérée des années 1930, Staline a éliminé la vieille garde bolchevique et a gouverné en instaurant un régime de terreur aussi absurde qu'efficace. La grande guerre patriotique et la victoire sur l'Allemagne nazie ont contribué à amplifier son prestige et sa légende. En 1949, quelques années avant son décès, Staline est à la tête d'un empire communiste qui semble avoir le mouvement de l'Histoire avec lui. Adulé par ses partisans, craint et détesté par ses adversaires, Staline impose le respect et ne laisse personne indifférent.

Dans les jours qui suivent son décès, Edgar Faure, alors président de la commission des Affaires étrangères de l'Assemblée nationale française, écrit dans les pages du journal Le Monde : « Parmi les grands dictateurs du monde, Staline paraissait être le seul à avoir résisté au péril de la griserie, de la mégalomanie ou de l'hystérie. D'après les impressions qu'ont recueillies de lui les personnes fort rares qui, dans des rencontres très brèves, ont été appelées à le voir, il paraît certain que Staline frappait ses interlocuteurs par ses qualités spéciales de sang-froid, de tranquillité, de simplicité et d'aisance, comparables, nous a-t-on dit, à celles d'un propriétaire rural dirigeant son exploitation. »

Ce témoignage en dit long sur l'image que le « tsar du bolchevisme » a su créer et propager pendant près de trente ans. Plutôt que de raconter la vie et la carrière de Joseph Staline, l'historienne Lilly Marcou s'est intéressée à la perception et à l'impression qu'il a laissée à ses contemporains et plus particulièrement aux rares privilégiés qui ont pu le rencontrer.

❖ **Dans l'introduction de votre livre\*, vous écrivez : « Pour durer, on ne tenta plus de transformer mais d'éterniser ce que l'étape précédente avait engendré. La Révolution devient illusoire et la mythologie la réalité. » Staline a-t-il fabriqué son mythe ?**

Oui et non. Je commence d'abord par dire : *non*. Il est difficile d'imaginer Staline devant une glace en train de se créer un personnage ou d'avoir un conseiller en communication comme nos hommes politiques maintenant et qui leur explique comment ils doivent parler, se coiffer et se tenir. Ça, c'est impensable. Et en même temps, on peut aussi dire oui, parce que, d'une façon inconsciente, il a construit un mythe, ou plus précisément un contre-mythe, c'est-à-dire il nous laisse, il nous lègue une image d'un Staline brave type, bon enfant, gentil, modeste, austère, le contraire de l'image d'Épinal que nous avons toujours eu des grands conquérants. Et c'est avec cette image qu'il frappe l'interlocuteur occidental qui vient vers lui, qui ne s'attend surtout pas à ce genre de personnage.

❖ **En limitant ses apparitions en public, en cultivant le mystère autour de sa personne et en s'isolant dans la solitude, Staline cherchait-il à amplifier son mythe ?**

D'abord, c'était son mode de vie, c'était sa façon d'être, il ne s'est pas construit le goût de l'isolement ou le goût d'être isolé. C'était sa manière de vivre, surtout après la Première Guerre mondiale. En même temps, il y avait les fameuses réceptions que les Mémoires des grands qui l'ont fréquenté nous racontent.

❖ **Et que vous citez abondamment dans votre livre\* !**

Absolument ! Et pas seulement avec les étrangers. Il rencontrait les hommes politiques russes ou du mouvement communiste international qu'il recevait dans ses villas où il passait la nuit à discuter autour d'un bon repas et d'un bon vin. Pour les Occidentaux, je pense qu'ils sont conditionnés par la visite. Staline recevait très peu et, même à une époque où il commençait à recevoir durant la guerre, il ne recevait pas n'importe qui. Alors, pour celui, même s'il s'agissait des hommes politiques ou de grands bourgeois, ou des grands écrivains occidentaux, celui qui est reçu est déjà conditionné par une gratification, par une émotion qui est consignée toujours dans les lettres personnelles, dans les journaux intimes, et des Mémoires. Il n'y a pas un homme qui n'ait rencontré Staline et qui par la suite ne l'ait décrit d'une manière émotionnelle.

❖ **Qui n'a pas raconté son témoignage.**

Un témoignage, mais qui est toujours vécu très fort. Je peux vous donner un exemple : Gide, lorsqu'il part à Moscou en 1936, espérait d'être reçu par Staline et sa grande déception a été que Staline ne l'a pas reçu. On peut peut-être imaginer que, lorsqu'il écrit le fameux *Retour de l'URSS* avec les retouches qui suivent en 1937, c'est peut-être aussi parce qu'il a été terriblement vexé que lui, le grand écrivain, le plus grand écrivain français de son temps, n'ait pas été reçu par le maître du lieu.

❖ **Alors que Romain Rolland avait eu ce privilège de s'entretenir avec Staline. Le Britannique H. G. Wells, lui, dit, à propos de Staline : « Jamais je n'ai rencontré homme plus sincère, plus juste et plus honnête, c'est à ses qualités qu'il doit son ascendant extraordinaire et incontesté sur les Russes. » Wells est-il naïf ?**

Non, je ne pense pas du tout qu'il s'agisse de naïveté, de bêtise ou d'autre chose ; il s'agit de ce que je viens de dire, c'est-à-dire le conditionnement. Dans les années 1930, Staline reçoit très peu de monde, il reçoit surtout des grands écrivains, grands bourgeois qui n'étaient pas du tout communistes, même pas sympathisants, mais qui sont complètement fascinés par Staline. Wells n'est qu'un parmi les autres, c'est-à-dire que je ne connais pas dans les années 1930 un écrivain occidental qui ait rencontré Staline et qui nous laisse un témoignage négatif.

❖ **Un des grands moments de la vie de Staline et de l'histoire de l'Union soviétique, c'est la Deuxième Guerre mondiale, ce que les Russes ont appelé la Grande Guerre patriotique. Quel impact la victoire sur le nazisme a-t-elle eu sur la mythification de Joseph Staline ?**

Là, on est au zénith de sa réputation. La guerre d'abord : il devient l'allié incontournable pour tous les esprits lucides, pour tous les antifascistes et pour les Alliés. Après la victoire sur le IIIᵉ Reich, est l'internalisation du mythe, et pas seulement dans le cadre étroit du mouvement communiste ; bien au-delà. Il s'agissait de la projection dans une personne de la force victorieuse de l'histoire, pour reprendre la formule d'Ernesto Ragionieri. C'est Staline qui réussit à capitaliser autour de lui, autour de son nom cette victoire. Il a construit son mythe, mais encore une fois pas selon les méthodes du marketing d'aujourd'hui. Il a su, dès le début, en écrivant les *Bases du léninisme* en 1924 construire sur le socle du léninisme son propre monument en s'arrogeant l'héritage de Lénine et en dessinant sur le drapeau rouge les deux profils

Lénine, Staline. Donc, si vous voulez, c'était ça qui l'intéressait le plus, d'apparaître comme le successeur, le disciple, l'héritier légitime.

❖ **Est-il vrai que les soldats russes en mourant disaient : « Pour la Patrie, pour Staline » ?**

Pendant la guerre, Staline a réuni autour de lui, avec les mots d'ordre patriotiques, historiques, religieux. Il a réussi tout en rappelant aussi les notions de parti, de l'internationalisme et le nom de Lénine, à apparaître comme le seul dirigeant capable de conduire vers la victoire. En ce moment-là, Staline s'internationalise parce que l'on se bat avec ce mot d'ordre. « Pour la Patrie, pour Staline » et on meurt avec « Vive Staline », pas seulement en Union soviétique, mais aussi en Yougoslavie, en France, au mont Valérien on trouve encore des traces de cela. Et les malheureux Juifs assassinés, exterminés par les Allemands sur les territoires occupés de l'Union soviétique mouraient eux aussi avec ce mot : « Pour la Patrie, pour Staline ».

❖ **Winston Churchill a rencontré Staline à plusieurs reprises. Comment se sont déroulées ses rencontres et quelle image Churchill a-t-il laissée de Staline ?**

Oui, ça c'est intéressant et vous faites bien de vous référer surtout à Churchill. Parce qu'à la même époque il a vu aussi beaucoup de diplomates américains, surtout l'homme de confiance de Roosevelt, Harry Hopkins. Et les témoignages qu'ils nous laissaient étaient tous très positifs. Mais Churchill, c'était beaucoup plus complexe, c'est l'homme qui a poussé à l'intervention au moment de la guerre civile, c'est le grand combattant anticommuniste et, cependant, leur rencontre est consignée comme passionnante, les traces qu'il laisse à travers ses *Mémoires* et la correspondance de guerre, que j'ai lue très attentivement, témoignent (du moins jusqu'en 1946, lors du fameux discours de Fulton) d'une excellente entente. Churchill après la conférence de Téhéran, en décembre 1943, en rentrant chez lui, écrit à Saline le bonheur qu'il a eu de le rencontrer et de travailler avec lui. Je cite Churchill : « J'aurais souhaité que nous puissions nous rencontrer une fois par semaine. » Donc, vous voyez après, dans ses *Mémoires* écrits bien plus tard, avec le recul du temps, même après Fulton, si vous voulez, ils revient sur la première rencontre qui a eu lieu en août 1942, au moment le plus pénible de la guerre et là Churchill écrit : « J'arrivais au Kremlin et je me trouvais pour la première fois en présence du grand chef révolutionnaire, du stratège et de l'homme d'État profond avec lequel je devais entretenir au cours des trois années suivantes des relations étroites, difficiles mais toujours d'un intérêt palpitant et même cordial à certains moments. » Certes, les rapports n'ont pas été faciles. Churchill n'était

pas quelqu'un que Staline pouvait mener avec
sa ruse, mais il y a eu un espèce de fluide, le
contact est passé et la grande alliance a tenu,
malgré des immenses difficultés. Et le bilan est
plutôt positif, de cette rencontre entre Churchill et Staline.

❖ **Et c'est le même Churchill qui avait dit, dès
1918 et 1919, qu'il fallait ériger un cordon
sanitaire pour endiguer le mouvement communiste.**

Il le redira en 1946.

❖ **En décembre 1944, de Gaulle se rend à
Moscou et s'entretient assez longuement avec
Staline. Quelle impression Staline a-t-il laissée
à de Gaulle ?**

Là aussi, comme pour Churchill, la rencontre de décembre 1944 laisse des impressions très fortes, elle est conflictuelle, avec des
moments de rupture, parce qu'à un moment
donné le général quitte le Kremlin en claquant
la porte, en signifiant qu'il en a marre de tout
ce cirque et, cependant encore une fois, dans
ses *Mémoires*, il nous lègue, selon moi, le portrait le plus juste et le plus intéressant de
Staline de cette période. Je cite le général de
Gaulle : « Communiste habillé en maréchal,
dictateur tapi dans sa ruse, conquérant à l'air
bonhomme, il s'appliquait à donner le change.
Mais, si âpre était sa passion qu'elle transpa-

raissait souvent, non sans une sorte de charme ténébreux. » Et, comme s'il était obsédé par Staline, il revient sur son portrait, lors de son dernier entretien avec Malraux ; que l'écrivain nous raconte dans *Les chênes qu'on abat*. Et là, il dit à Malraux — c'est d'autant plus touchant que c'est presque à la fin de la vie du général : « Quand je l'ai rencontré, il devenait un vieux chat, tout-puissant, pelé. Un chat au coin d'un bûché, ce chat était un fauve, il ne se réclamait que de l'avenir et m'a impressionné par son enracinement dans le passé. »

Donc, il y avait quelque chose qui faisait que Staline attachait ses interlocuteurs, même à des moments difficiles, fascination qui durait parce que de Gaulle a écrit cela bien des années après sa rencontre avec Staline.

❖ **Et même les plus grands hommes, que ce soient Churchill, de Gaulle. Donc, il faisait une forte impression ?**

C'est ça qui confirme cette idée d'énigme. Pour moi, Staline est une énigme.

❖ **En 1937, Staline décime les cadres et la haute direction de l'Armée rouge. Comment est-il perçu par les généraux de l'Armée rouge ?**

Là, c'est une excellente question, mais très difficile à répondre, surtout aujourd'hui. On le saura peut-être dans quelques années lorsque les archives seront complètement

ouvertes à la disposition de nous tous. Sur
cette affaire quelle est la vérité ? Il y a eu une
purge profonde de l'armée du sommet à tous
les échelons, jusqu'au simple soldat. On peut
dire que l'Armée rouge a été décapitée par
Staline et c'est peut-être son acte le plus incohérent, vu le fait qu'il savait très bien que le
pays irait à la guerre.

❖ **Y a-t-il eu des visiteurs au Kremlin qui n'ont
pas succombé au mythe ?**

Oui, mais ça c'est lié à l'histoire, à l'époque,
c'est-à-dire dans les années 1930, ce sont les
années du combat antifasciste, forcément les
écrivains progressistes, qui n'étaient pas communistes ; progressistes, démocrates qui se
battaient contre le fascisme, étaient fascinés
par Staline. Parce qu'il apparaissait comme le
rempart contre Hitler. Autant, lors du début
de la guerre froide, commencent les images de
désenchantement. On a, d'abord, le président
Truman, qui ne s'entend pas si bien avec
Staline à la conférence de Potsdam (c'est la
seule rencontre entre les deux hommes) que
Roosevelt aux deux conférences de Téhéran à
Yalta.

Enfin, les exigences de Staline font que les
Américains commencent à avoir moins d'em-
ballement et plus de recul et, à ce moment-là,
vous avez les *Mémoires* de Bedell-Smith qui a
été l'ambassadeur des États-Unis au moment
de la guerre froide qui vous donne déjà de

Staline une autre image que celle à laquelle nous étions habitués pour la période de la guerre ou des années 1930. Enfin, l'ancien ambassadeur Harriman qui écrit ses *Mémoires*, bien plus tard, dans les années 1960, là aussi, il a peut-être été influencé par le vingtième congrès. Donc, Harriman aussi nous laisse plutôt des images négatives. Milvan Djilas, c'est très connu.

### ❖ Un communiste yougoslave.

La critique la plus acerbe à partir d'un témoignage d'un communiste yougoslave. Enfin, quelqu'un que j'ai bien connu et que j'ai beaucoup aimé notre dernier ambassadeur à Moscou, Louis Joxe. C'est le dernier ambassadeur de France qui a rencontré Staline à la fin de sa vie et qui était toujours nuancé sur son interlocuteur. Il n'était ni emballé ni dans la satanisation, il était mitigé. Il racontait plein d'anecdotes et faisait un portrait en touche et retouche.

*Lilly Marcou est directeur de recherche à la Fondation nationale des sciences politiques (CERI) à Paris.*

### Pour aller plus loin

Marcou, Lilly, *Ilya Ehrenbourg. Un homme dans son siècle*, Paris, Plon, 1992.

MARCOU, Lilly, *La guerre froide, l'engrenage*, Bruxelles, Complexe, 1987.

MARCOU, Lilly, *Le Kominform ou le communisme de guerres froides*, Paris, Presses de la fondation nationale des sciences politiques, 1977.

MARCOU, Lilly, *Le mouvement communiste international depuis 1945*, Paris, Presses universitaires de France, 1990.

MARCOU, Lilly, *Les pieds d'argile, le communisme mondial au présent, 1970-1986*, Paris, Ramsey, 1986.

MARCOU, Lilly, *Staline vu par les hôtes du Kremlin*, Paris, Gallimard, coll. « Archives », 1979*.

BULLOCK, Allan B., *Hitler et Staline*, 2 volumes, Paris, Albin Michel, 1993.

CONQUEST, Robert, *La grande terreur*, Paris, Plon, 1970.

MALIA, Martin, *La tragédie soviétique*, Paris, Seuil, 1995.

MEDVEDEV, Roy, *Le stalinisme, origine, histoire et conséquences*, Paris, Seuil, 1975.

MONGILI, Alessandro, *Staline et le stalinisme*, Paris, Casterman, coll. « XXᵉ siècle », 1995.

TUCKER, Robert, *Staline*, 2 volumes, Paris, Norton, 1972 et 1992.

ULAM, Adam, *Staline*, 2 volumes, Paris, Gallimard, 1977.

VOLKOGONOV, Dimitri, *Staline*, Paris, Flammarion, 1991.

# Pétain

## LE MARÉCHAL DÉCHU

*Entretien avec Marc Ferro*

*E*n septembre 1994, le journaliste Pierre Péan déclenchait une polémique en publiant un ouvrage qui relatait le passé collaborationniste de François Mitterrand. Encore une fois, les Français se heurtaient à un chapitre chargé de controverse. Écrasée et humiliée par l'armée allemande, la France, après six semaines de combat, doit reconnaître sa défaite et remet son salut et son destin entre les mains d'un maréchal de 85 ans, Philippe Pétain. Vainqueur de Verdun, membre de l'Académie française, ancien ministre de la Défense et de l'Éducation nationale, le maréchal « fait le don de sa personne à la France » et c'est « le cœur serré » qu'il dit aux Français qu'il faut cesser le combat et demande l'armistice. Après que le parlement lui eut accordé les pleins pouvoirs, le maréchal entend régénérer la France en instaurant un régime autoritaire dont la devise est « famille, travail, patrie ». Ce programme appelé Révolution nationale est une rupture complète avec la

III^e^ République, qui est selon le maréchal responsable de la décadence de la France et responsable de la défaite. Pour Pétain, la France doit renouer avec sa tradition catholique et morale et elle doit en finir avec le régime républicain, le capitalisme libéral, l'individualisme et le cosmopolitanisme moderne. Il faut traquer et pourchasser les éléments qui constituent l'anti-France, c'est-à-dire les communistes, les Juifs et les francs-maçons.

Le redressement intellectuel et moral auquel Pétain invite les Français passe pour une politique de collaboration avec l'Allemagne d'Hitler. C'est pourquoi, en octobre 1940, le maréchal rencontre Hitler à Montoire et lui offre de son plein gré une politique de collaboration. Pour Pétain, à l'automne de 1940, le rapport de force est favorable à l'Allemagne et puisqu'elle semble destinée à dominer pour longtemps le continent, il est préférable de composer avec elle, afin d'obtenir des concessions politiques et territoriales.

Si les faits sont connus, de nombreuses questions subsistent. Pétain a-t-il comploté afin de renverser le régime républicain ? Pétain a-t-il souhaité la défaite de 1940 ? A-t-il cherché à épargner les Français et a-t-il joué un double jeu en collaborant avec les Allemands ? Pourquoi est-il resté à la direction de l'État après le débarquement américain en Afrique du Nord en novembre 1942 ? Son procès a-t-il été juste ?

❖ **Pourquoi votre biographie\* se limite-t-elle presque exclusivement sur le Pétain de 1940 à 1944 ?**

Eh bien, parce qu'avant 1940 Pétain ne comptait pas ; je veux dire que, certes, c'était le vainqueur de Verdun, il avait fait la guerre du Rif en partie. Bon bien, c'est comme si j'avais fait une vie de Foch, ça n'intéresse personne. Je veux dire que c'est un intérêt historique limité, il n'y a pas d'enjeu politique et social ; les Français n'ont pas été concernés par la vie de Foch. Certes, il a gagné la guerre de 14, certes on peut critiquer ou approuver ce qu'il a fait au moment du traité de Versailles, mais disons que ce n'est pas un sujet qui concerne la vie de millions de Français et Pétain avant 1940, pas plus. Donc, j'ai beaucoup parlé du Pétain d'avant 1940 pour expliquer son comportement en 1940, mais m'étendre sur sa vie personnelle jusqu'à ce qu'il joue un rôle central dans la vie des Français me semblait secondaire. C'est pour ça que je n'ai pas insisté très longtemps sur son comportement en 1912, en 1916, en 1932, sauf lorsque cela explicitait son comportement de 1940.

### ❖ De 1931 à 1940, Pétain a-t-il comploté afin de renverser la IIIᵉ République ?

Certainement pas ! Il n'a pas comploté, contrairement à ce que l'on a dit au moment de son procès ou de ce qu'on a pu laisser croire et, non seulement, il n'a pas comploté, mais encore lorsqu'il y a eu des complots, de vrai complots en 1934, par exemple, contre la République le 6 février, Pétain a refusé d'y participer. Par contre ce qui vrai, c'est que sans qu'on dise qu'il ait intrigué, l'idée de devenir président de la République ou de jouer un rôle dans la République après 1930 ou même après 1920 a été chez lui non pas une obsession, mais un désir très profond. Il désirait jouer un rôle, il n'admettait pas d'être mis à la retraite comme ça et il a accepté de devenir ambassadeur d'Espagne à un âge très avancé qui n'était quand même pas relié à son rang, etc. Donc c'est plutôt ce désir, j'allais dire puéril, enfantin de jouer un rôle à n'importe quel prix, à quiconque le lui proposerait, qui aura été son péché, si péché il y avait.

### ❖ Révolution nationale et collaboration, peut-on les dissocier ?

Les dissocier ? En gros, ça n'a rien à voir et pourtant les premières mesures contre les Juifs sont prises par Pétain en personne pour deux raisons : d'abord, parce qu'il est un peu

antisémite, je dis un peu parce qu'il n'ima-
ginait pas du tout d'envoyer les gens dans les
camps de la mort, il voulait simplement les
écarter du pouvoir par un antisémitisme, qui
était un antisémitisme de type Maurras,
Charles Maurras, Action française. Donc la
première raison, c'est son antisémitisme qui
est bien de l'époque et qu'il partage avec
beaucoup d'organes de droite, mais c'est, par
ailleurs, une manière de dire aux Allemands :
vous voyez on est un peu comme vous, on
vous comprend. C'est un clin d'œil. Notamment de la part de Laval par exemple, en 1940,
Laval qui n'est pas du tout antisémite et qui,
bien qu'il prenne des tas de mesures ensuite
contre les Juifs étrangers, n'est pas personnellement antisémite. Il a beaucoup d'amis
juifs, Pétain lui aussi en a un peu mais, vous
direz : ce n'est pas une bonne raison, Pétain se
dit, se veut et sait qu'il est un peu antisémite
et Laval vraiment ne l'est pas. Or, Laval fait
des discours antisémites contre les Juifs. Il fait
des discours contre les Juifs pour faire un clin
d'œil à Hitler pour lui dire : voyez on peut
collaborer, on a les mêmes idées sur le fond.

Donc, il y a dans la Révolution nationale
des points qui impliquent une certaine collaboration, mais ce sont deux choses assez différentes parce que la collaboration, c'est pour
Pétain une stratégie : s'allier à l'Allemagne
pour ne pas que l'Angleterre fasse appel sur
notre dos, ensuite s'allier à l'Allemagne pour

ne pas être écarté de la construction de l'Europe quand l'Allemagne gagne toutes ses victoires sur l'URSS, etc. Il y a toujours des raisons et puis il espère ensuite s'en détacher, s'en libérer. Cela c'est la compréhension de Pétain, celle de Laval est un peu différente.

Laval était un pacifiste. Il ne faut pas oublier que pendant la guerre de 14, il était le filleul, l'enfant adoptif chéri de Briand, d'Aristide Briand. Laval rêve de la construction de l'Europe, un peu comme on dirait aujourd'hui, n'est-ce pas, il rêve de la construction de l'Europe, d'enterrer la hache de guerre entre les Français et les Allemands. Il était pacifique avant 1939, il est pacifiste et pacifique encore après 1940 et il veut s'allier aux Allemands. Il refuse d'attacher une importance au régime politique, c'est-à-dire de voir que les Allemands sont des nazis alors que, lui, il est le contraire d'un nazi, ça peut être un homme autoritaire à un certain moment, mais c'est un républicain, c'est un parlementaire, aujourd'hui, on dirait que c'est le type même du politicien. Donc, il n'a rigoureusement rien à voir avec un régime de type nazi, mais il veut ignorer les régimes politiques. Il considère que ce sont les rapports entre États qui comptent et que la France et l'Allemagne doivent se rapprocher, construire l'Europe ensemble contre l'Angleterre qu'il déteste. Donc, ce n'est pas le même type de collaboration, vous voyez !

## ❖ Pourquoi Laval est-il renvoyé ?

Alors à l'époque, on a cru qu'il était ren-
voyé parce qu'il collaborait trop et en fait il y
a un petit peu de ça. Mais ce n'est pas la vérité.
Il aurait voulu lui, Pétain, mettre sur pied la
collaboration avec les Allemands. Il ne voulait
pas que ce fut Laval. Laval apparaissait comme
un sorte de rival qui prenait sa place, qui se
substituait à lui, qui le traitait de potiche.
Pétain répète pendant la crise de décembre :
« C'est moi que les Français ont appelé, ce
n'est pas lui. » Il renvoie Laval, j'allais dire,
parce que Laval en quelque sorte se substitue
à lui, d'une part. J'ai d'ailleurs trouvé une
lettre aux archives qu'il a écrite à Hitler, qu'il
n'a pas envoyée d'ailleurs mais qui est de sa
main, il n'y a pas de doute, où il explique à
Hitler que la mauvaise image que les Français
ont de Laval nuit à la collaboration. Donc, ce
n'est pas parce qu'il collaborait trop, Laval,
que Pétain le renvoie, mais parce qu'il prenait
sa place et disons que son image aurait empêché une collaboration telle que les Français la
soutenaient. Une collaboration faite par
Pétain, les Français l'auraient soutenue, juge
Pétain, faite par Laval, ils s'en méfient. Voilà
les raisons du 13 décembre.

❖ **Laval est remplacé par Darlan. Cet amiral croyait-il vraiment en la possibilité d'une collaboration militaire France-Allemagne ?**

À l'époque, on a cru que c'est Laval qui incarnait la collaboration parce qu'il faisait des discours sur la collaboration. En 1942, il dit : « Je souhaite la victoire de l'Allemagne » et on n'a toujours cru à l'époque que Laval était plus collaborateur que ne l'était Darlan. Or, dans les faits, c'est l'inverse qui s'est révélé. Avec le recul de l'histoire aujourd'hui, on s'en aperçoit, en ce sens que les Allemands l'ont dit eux-mêmes, Abetz qui l'a dit : « Quand je demandais à Laval une poule, il me donnait un œuf et, quand je demandais à Darlan un œuf, il me donnait la poule. » Autrement dit, Darlan a été au-devant de la collaboration militaire parce qu'il n'avait aucune sympathie pour l'Allemagne, il n'avait aucune sympathie pour l'Europe à la Laval ; il haïssait l'Angleterre. Mais ce ne sont pas les vraies raisons. Les vraies raisons, c'est que Darlan se jugeait comme un joueur d'échec, tout est anonyme, il faut gagner. Or, au moment où nous sommes, début 1941 fin 1942, l'Allemagne gagne en Russie, gagne en Syrie, l'Allemagne gagne partout, il ne faut pas tarder, il faut être avec elle. Vulgairement, on dirait aujourd'hui, il faut savoir prendre le train en marche. C'est ce type de raison ! Et dès que, le train est en marche, il perd pied, il se retourne et il passe

de l'autre côté. Il se veut un réaliste et sa collaboration militaire, il entend la pousser tant
qu'elle paye. Le jour où elle ne paye plus, il la
quitte. Pas de morale dans un moment de
l'histoire où les gens avaient besoin d'une exigence morale.

❖ **Novembre 1942, les Américains débarquent
en Afrique du Nord. Pétain a-t-il raté une
occasion de rallier les États-Unis ?**

C'est ce que pensent beaucoup de Pétai-
nistes. Il devait aller en Afrique du Nord. Dix
personnes l'ont proposé. Aux dix, il a donné
une réponse différente, depuis les plus futiles,
qu'il est trop vieux pour prendre l'avion,
jusqu'aux plus réalistes, que s'il va à Alger on
le fusillera. En vérité, il ne veut pas y aller,
parce que s'il part à Alger, il ne sera plus ce
qu'il est ; c'est-à-dire qu'il incarne la personne
qui se sacrifie, dit-il, en restant sur le territoire
national, qui aide les Français à subir les ava-
nies de l'occupation et, à partir du moment
où il part à Alger, il ne peut plus exercer ce
rôle. Du même coup, il perd sa légitimité, sa
raison d'être. À Alger, c'est forcément un militaire, un Giraud, un de Gaulle qui un beau
jour l'effaceront. Donc cela est la vraie raison
pour laquelle il ne veut pas y aller. Et il hésite
beaucoup, mais pour ceux qui tablaient sur le
double jeu de Pétain, c'est-à-dire sur le fait
qu'il serait avec les Allemands le temps qu'il
faudrait, ce qui était son idée en 1940, puis

qu'ensuite il se retournerait, comme l'avait fait la Prusse en 1806. Le jour où cela a lieu, tout le monde pense que c'est au moment de l'invasion de l'Afrique du Nord, Darlan le fait mais pas lui. Et puis les Français continuent à avoir une grande affection pour Pétain, même en 1942. Ils stigmatisent ses ministres, on stigmatise la collaboration, on stigmatise toutes sortes de choses, mais Pétain, jusqu'en 1943-1944, garde, dans une partie de l'opinion, encore une grande popularité.

### ❖ À la fin de 1943, peut-on parler de dérive fasciste de Vichy ?

Oui ! Disons qu'il y a une dérive fasciste visible en 1943, dans la mesure où des hommes comme Marcel Déat sont au gouvernement ; des hommes comme Darnand qui commandent la milice et qui répriment, admirent beaucoup le régime fasciste et se comportent en fascistes. Darnand incarne un durcissement du pouvoir, Déat incarne le fascisation du pouvoir. Une dérive, plus qu'une dérive fasciste, mais il serait faux de ne pas croire qu'il n'y avait pas déjà une imprégnation fasciste, même de la révolution nationale. L'hostilité aux partis politiques, les poursuites contre les formations, les sociétés secrètes contre les Juifs, l'antiparlementarisme, tout ça c'est du fascisme rampant. Seulement on n'a pas voulu trop le dire parce que, d'une certaine façon, cela entachait la dignité des partis de droite, qui avaient, avec les partis fascistes, bien des points communs. Mais pas tous, ça c'est sûr ! La preuve, c'est que beaucoup de partis de droite se sont scindés et qu'une partie est devenue résistante, a été à Londres ou a participé à la résistance ; il ne faut pas l'oublier non plus.

### ❖ Quelle conclusion tirez-vous du procès de Pétain ?

Bien disons que c'est un procès qui s'est fait à une époque où les Français étaient encore, pour une part, avaient la mémoire toute chaude de leur passé pétainiste et, du même coup, il y avait d'un côté ceux qui s'étaient ralliés à la résistance, qui jugeaient qu'il fallait en quelque sorte réclamer justice de tous les actes récents du régime ; car n'oubliez pas c'était le régime de Pétain avec Darlan et Laval qui persécutaient, qui allaient à l'attaque des maquis à côté des Allemands. Donc, les résistants réclamaient justice. Mais une partie de la population eût souhaité pouvoir rester tapie comme Pétain le lui disait : « Restez la tête tapie comme dans les tranchées, attendez la libération des Américains » et les résistants obligeaient les gens à sortir et à faire un choix. Et c'est pour ça qu'une partie de la population n'aimait pas tellement les résistants, elle les appelait comme les Allemands, les terroristes. Moi-même qui ait été au maquis du Vercors, qui était pourtant un maquis « noble » puisque que j'étais au sixième bataillon chasseurs-alpins et j'avais l'uniforme et tout, eh bien dans ma famille on m'appelait le terroriste. Ce qui veut dire qu'une partie des Français n'aimaient pas la résistance, tout en étant hostiles aux Allemands et en souhaitant la victoire des Américains.

❖ **Croyez-vous à la théorie du double jeu de Vichy et de Pétain ?**

Je pense que Pétain a joué pendant un certain temps un double jeu, c'est-à-dire qu'il pensait s'allier tactiquement à l'Allemagne tout en étant solidaire et très ami des Américains dont il pensait qu'ils amèneraient une paix anti-allemande en Europe, avant que les Américains entrent en guerre. Donc il a mené double jeu entre les Anglais, les Américains et les Allemands. On peut situer l'apogée du double jeu après le renvoi de Laval, lorsque Hitler en veut terriblement à Pétain du renvoi de Laval et y voit un désaveu de la collaboration. C'est-à-dire que Hitler a jugé comme les Français que le renvoi de Laval, c'était le désaveu de la collaboration. À partir de ce moment-là le double jeu se développe très activement avec l'ambassadeur américain Lee, notamment, cela dure pendant six mois à un an.

On peut même dire que, plus tard encore, Pétain continue à faire les yeux doux et à recevoir un appui des Américains dont on sait bien qu'ils sont les alliés des Anglais. Donc il y a un double jeu et, par ailleurs, les Français ont voulu croire à un double jeu qui eût été plus effectif qu'il ne l'a été vraiment parce que le double jeu n'a pas duré très longtemps et Pétain, plus d'une fois, s'est rallié à l'idée qu'il fallait rallier l'Europe allemande contre ce double jeu qui apparaissait illusoire. Et les Français, beaucoup de Français se sont raccrochés à cette idée pour ne pas s'engager trop, que c'était cette politique qui devait les amener eux-mêmes, Français, à ne pas bouger. Donc les Français ont voulu y croire et Pétain l'a pratiquée un peu, mais pas beaucoup et pas longtemps.

❖ **Les restes du maréchal Pétain pourront-ils être déposés à Verdun, comme le réclament ses partisans ?**

Ses partisans, ils étaient plusieurs centaines de milliers en 1945, plusieurs dizaines de milliers en 1955, plusieurs milliers en 1965, plusieurs centaines en 1975 et, d'après mes informations quand j'étais à Verdun, ceux qui réclament cela en se rendant à Verdun ne sont plus qu'une poignée, jeunes ou vieux. Maintenant que les ossements de Pétain soient ici ou là, à mon avis, n'a aucune importance. Le tout c'est le sens que l'on donne à ce transfert.

*Marc Ferro est directeur d'études à l'École des hautes études en sciences sociales, Paris.*

## Pour aller plus loin

FERRO, Marc, *La Grande Guerre : 1914-1918*, Paris, Gallimard, 1969.

FERRO, Marc, *Pétain*, Paris, Fayard, 1987\*.

COINTET, Jean-Pierre, *Laval*, Paris, Fayard, 1993.

LOTTMAN, Herbert, *Pétain*, Paris, Seuil, 1984.

MARRUS, Michaël et PAXTON, Robert, *Vichy et les Juifs*, Paris, Calmann-Lévy, 1981.

PAXTON, Robert, *La France de Vichy 1940-1944*, Paris, Seuil, coll. « Le Point », 1973.

TOURNOUX, Raymond, *Pétain et la France*, Paris, Plon, 1990.

VARANT, Jean-Marc, *Le procès Pétain 1945-1995*, Paris, Perrin, 1995.

## Mao

### UN EMPEREUR COMMUNISTE

*Entretien avec Lucien Bianco*

« *M*ao *aura tout réussi, même sa sortie. Et rien n'est plus difficile à réussir sur la scène de l'Histoire.* » C'est ainsi qu'Alain Peyrefitte saluait la mort du Grand Timonier en septembre 1976. Le Nouvel Observateur renchérissait en le présentant comme « Le Dernier Dieu », mais, avec une certaine lucidité, l'éditorial de Jean Daniel prévoyait déjà qu'on le couvrirait de tous les crimes et de tous les vices... Près de vingt ans ont passé, la Chine a définitivement rompu avec le maoïsme, du moins sur le plan économique, et l'image du grand disparu a bien changé. Son successeur Deng Xiao Ping a déclaré que, tout compte fait, Mao méritait une bonne note pour 70 % de ses actions. Étrangement, c'est le bilan que Mao avait fait de l'œuvre de Staline. Quoi qu'il advienne de la Chine, l'impact de Mao reste déterminant. Figure de légende, Mao représente pour la Chine ce que furent les Lénine et Staline à la Russie, de Gaulle en France, Franklin Roosevelt aux États-Unis, Ghandi en Inde et Churchill en Angleterre.

*Depuis 1989, il est de bon ton de dénigrer et de condamner en bloc l'expérience communiste. L'implosion des démocraties populaires de Varsovie à Bucarest en l'espace de six mois, l'éclatement de l'Union soviétique, minée par les nationalismes et la dégénérescence du régime et la lutte à contre-courant des régimes cubain et nord-coréen jettent le discrédit pour ne pas dire le mépris sur l'utopie marxiste-léniniste. La vague anticommuniste n'a pas épargné le Grand Timonier. À l'automne de 1994, son médecin personnel le docteur Li Zhisui publiait une biographie dévastatrice et sensationnaliste où il exposait les turpitudes du leader et de « sa cour impériale ». Succès de librairie en France et aux États-Unis, ce livre a contribué à l'entreprise de démolition de l'œuvre maoïste et donne des munitions à une certaine intelligentsia bien-pensante qui rêvait d'en découdre avec les maoïstes depuis les années de la Révolution culturelle.*

*Tant et aussi longtemps que les archives chinoises ne seront pas ouvertes aux historiens et aux chercheurs, il sera difficile de dresser un portrait objectif et critique de la vie et de l'œuvre de Mao Tse-tung. Toutefois, il ne faut pas non plus négliger les travaux des sinologues qui depuis des décennies consacrent leurs recherches sur l'expérience communiste chinoise. C'est le cas de Lucien Bianco qui depuis trente ans déjà étudie l'expérience chinoise. Il a accepté de tracer un portrait biographique du Grand Timonier en insistant sur les grands tournants qui ont été la chute de l'empire en 1911, la formation du Kuomintang, l'écrasement de la commune de Canton, la longue marche, l'intervention chinoise, la guerre civile et la victoire du communisme entre 1945 et 1949. Une fois que Mao est au pouvoir, Bianco jette un regard très critique sur la construction du communisme à la chinoise et sur les expériences utopiques que furent le Grand Bond en avant et la Révolution culturelle.*

❖ **Que sait-on de l'enfance et de l'adolescence de Mao Tse-tung ?**

Son enfance a été rurale comme celle de la plupart des dirigeants de la Révolution et des Chinois dans leur ensemble. Son père était un paysan riche aisé et un marchand de grains. Mao Tse-tung a été en révolte contre son père, alors qu'il adorait sa mère. Il faut préciser, je crois, ses sentiments parce qu'après tout même la psychologie peut avoir son rôle dans la vocation révolutionnaire, bien que ce ne soit pas là-dessus que j'insisterai le plus.

❖ **Que sait-on de sa formation intellectuelle et quelles ont été ses principales influences, les penseurs marxistes, les penseurs libéraux ou encore les classiques chinois ?**

Sa formation intellectuelle a été celle d'un enfant des campagnes. Fils de paysans, fut-il riche, ce n'est pas ce qui vous permet de faire beaucoup d'études. Mao est entré à l'âge de vingt ans dans une école normale primaire, dont il est sorti diplômé à 25 ans. À cet âge, ou plus exactement à 26 ans, Trotski écrivait déjà un de ses premiers classiques, *Bilans et Perspectives*. Vous me demandez si Mao a été influencé par les auteurs classiques chinois ? Oui, beaucoup plus que par la tradition libérale d'Occident et même que par les penseurs marxistes. Mao a découvert le marxisme assez tard et il n'a pas bénéficié d'une formation marxiste approfondie. On n'a pas moins longtemps vanté ses contributions à la théorie marxiste.

❖ **Donc on ne pourrait pas le comparer à Sun Yat-sen qui lui a été éduqué en Occident et qui était beaucoup plus moderne ?**

C'est ça ! Sun Yat-sen était beaucoup plus occidentalisé, beaucoup plus périphérique, voire marginal par rapport à la culture chinoise. Mao était plus un Chinois de la Chine profonde.

❖ **En 1911, la Chine est bouleversée par la chute de l'Empire, le Régime républicain s'installe difficilement. En 1919, c'est le Mouvement du 4 mai. Peut-on dire que ce contexte politique a incité Mao à adhérer au mouvement révolutionnaire ?**

Oui, je pense, Mao aussi bien que les autres dirigeants de la révolution. Cela me permet d'expliciter un peu la réserve que j'esquissais il y a un instant à propos des racines psychologiques de la vocation révolutionnaire. On ne peut imaginer caractères plus différents que ceux de Zhou Enlai (Chou En-lai) et de Mao

Tse-tung. Parmi les deux dirigeants les plus connus, l'un, Mao, est rebelle, insatisfait, orgueilleux et l'autre, Zhou Enlai, est un homme affable, plutôt conformiste, qui arrondit les angles et aurait sans doute fait carrière dans n'importe quel régime. S'ils sont l'un et l'autre devenus révolutionnaires, c'est que des causes objectives les y sont incités. Ces jeunes intellectuels ou plus exactement leurs aînés s'étaient imaginés que la chute de l'Empire allait tout résoudre et voilà que la Chine s'avérait encore plus faible, le régime républicain encore plus incapable de résister à l'impérialisme que la dynastie mandchoue elle-même. Cette dynastie qu'ils avaient accusée d'être l'esclave des étrangers et qu'ils avaient renversée pour cette raison.

Ensuite, le Mouvement du 4 mai. On a l'impression que les intellectuels chinois qui l'ont lancé se sont dit : « La réponse ne se trouve pas dans un changement politique, c'est notre civilisation elle-même qu'il faut remettre en question. » Par nationalisme, ces intellectuels patriotes s'en prennent à l'identité culturelle chinoise, au confucianisme, aux traditions les plus vénérables. Ce mouvement a été un feu de paille, mais on ne l'a pas oublié. À la limite, on peut dire qu'aujourd'hui encore s'en réclament les gens qui contestent le régime communiste. Pour nous résumer, je pense que Mao, au même titre que la plupart des dirigeants, a été effectivement influencé par ces crises, ces échecs politiques successifs et aussi par la flambée du 4 mai.

❖ **Pourquoi a-t-il adhéré au Parti communiste plutôt qu'au Guomindang (Kuomintang) ?**

Les plus radicaux ou les plus impatients des révolutionnaires ont préféré le Parti communiste au Guomindang. Peut-être parce qu'une révolution communiste venait d'éclater dans la Russie « arriérée ». Pourquoi la Chine n'en ferait-elle pas autant ? Toujours par nationalisme, on va tenter de suivre l'exemple russe et surtout celui de Lénine, en faisant accomplir à la Chine le bond prodigieux ou l'étape historique qu'il est censé avoir fait franchir à la Russie.

❖ **À quel moment Mao s'aperçoit-il que la stratégie communiste doit privilégier la paysannerie plutôt que la classe ouvrière ? Parce qu'il faut rappeler que le Parti communiste chinois suivait la voie du Parti communiste soviétique et qu'il privilégiait donc une révolution ouvrière.**

À peu près au moment, précisément, où cette stratégie ouvrière orthodoxe échoue, c'est-à-dire en 1927. Auparavant, le Guomindang et les communistes sont alliés contre la vieille Chine des Seigneurs de la guerre et idéologiquement contre le confucianisme. Au printemps 1927, Chiang Kai-shek se retourne contre ces alliés et les écrase. Mao réalise bien qu'il faut privilégier la paysannerie, mais en même temps il n'a guère le choix : la terreur blanche impose de fuir les villes, de se réfugier dans l'océan rural, où il est beaucoup plus difficile de dénicher les intellectuels révolutionnaires. Quoi qu'il en soit, Mao comprend progressivement au milieu des années 1920 et de façon décisive en 1927 que le bon cheval n'est pas une classe ouvrière qui représente un demi pour cent de la population chinoise, mais la paysannerie, qui rassemble elle entre 80 % et 90 % des Chinois, les plus malheureux et les plus exploités.

❖ **En 1927, c'est l'écrasement de la Commune de Canton. La voie révolutionnaire orthodoxe imposée par Moscou échoue lamentablement. Est-ce la confirmation des thèses de Mao et est-ce à la suite de l'écrasement de la Commune de Canton que, finalement, Mao peut accéder graduellement à la direction du Parti communiste chinois ?**

Je répondrai oui à votre première question et non à la seconde. La Commune de Canton est aujourd'hui définie comme un mouvement aventuriste. C'était même, dans une conjoncture où la révolution avait déjà échoué, une tentative désespérée : autant il fut, grâce à la surprise, facile de s'emparer de la ville, autant la répression a été immédiate et sanglante. Donc la Commune de Canton confirme que dans les villes il n'y a plus rien à faire, en tout cas pour un certain temps.

Est-ce que cette catastrophe permet à Mao de s'imposer et d'accéder au pouvoir ? Même pas ! Dans les mois qui ont précédé la Commune de Canton, après l'échec de la mobilisation paysanne dont il avait lui-même la charge dans une province (on a baptisé cet épisode Insurrection de la moisson d'automne), Mao s'est réfugié avec une poignée de guérilleros dans une forteresse naturelle. C'est le début d'une aventure héroïque, mais primitive. Elle va durer longtemps et, même lorsque Mao quitte cette région, la province du Jiangxi (Kiangsi), sept ans plus tard, pour entamer la « Longue Marche », son pouvoir n'est toujours pas établi. Au contraire, il a été combattu dans la République soviétique qu'il a fondée dans cette province. C'est plus tard, pendant la « Longue Marche » d'abord, pendant la guerre sino-japonaise ensuite, qu'il conquiert et impose sa prééminence au sein du mouvement révolutionnaire.

❖ **Donc en 1931, le Japon envahit la Mandchourie ; en 1937, le Japon partira à la conquête de la Chine. Quel impact l'invasion du Japon a eu sur l'évolution de la Chine et sur la stratégie de Mao ?**

Un impact énorme sur la stratégie. D'une part, le Parti communiste ajoute la résistance aux réformes sociales ou à la révolution sociale. C'est-à-dire qu'il y a une coloration nationaliste du mouvement communiste, qui pratique désormais le front uni avec beaucoup d'autres, y compris des propriétaires fonciers ou des intellectuels. D'autre part, l'impact est encore bien plus considérable sur le succès du mouvement. Les communistes ont bâti leur victoire pendant la guerre sino-japonaise à la faveur de la résistance, disons carrément à la faveur de l'invasion, qui a été une chance inespérée pour eux.

### ❖ Mais quelle est cette stratégie pour rallier la paysannerie ?

Officiellement, je répète, le front Uni et la résistance, mais vous avez raison d'insister, ce n'est pas ça qui va gagner les paysans, qui ne sont pas, eux, spécialement patriotes ou nationalistes. Ils se fichent du problème japonais, ils ont bien d'autres chats à fouetter, bien d'autres exploiteurs. Qu'ils aient en l'occurrence affaire à une armée ennemie ne change pas grand-chose. Bien sûr, même s'ils ne veulent pas lutter contre l'occupant par patriotisme, ils ont besoin d'être protégés de ses exactions. En maintes occasions, ils sont amenés à se rallier aux forces qui se trouvent dans les campagnes, à commencer par les guérilleros communistes. Voilà pour le premier volet de la stratégie : la résistance à l'envahisseur.

Deuxièmement, les communistes sont partie prenante du front Uni : leur propagande doit donc mettre en avant non plus la révolution sociale, mais la réforme. Ils jouent sur le velours en n'appliquant que les réformes jadis préconisées par Sun Yat-sen et officiellement approuvées par le régime nationaliste : diminution des taux d'intérêt, diminution des taux des fermages. Elles ont beau être sectorielles, ces réformes suffisent pour changer la condition paysanne. Mais pas pour mobiliser les paysans, qui demeurent prudents durant toute la première phase de la guerre. Ils ont peur de se mouiller pour parler familièrement et ils ne savent pas si les communistes sont là pour longtemps. La réserve des paysans a contraint plus d'une fois les communistes à recourir à la contrainte : il ne faut pas s'imaginer que cette mobilisation des paysans s'est effectuée dans l'enthousiasme ou la spontanéité. Les paysans sont obligés de choisir et ils se rendent compte que c'est une alliance très inégale entre eux-mêmes (les « masses ») et les dirigeants communistes. Ces derniers incarnent un nouveau pouvoir qui s'installe au village avec des dirigeants politiques venus de la ville et des fusils. N'empêche que ce n'est pas exactement un pouvoir comme les autres. Les paysans ne le perçoivent pas uniquement comme exploiteur : une espèce d'échange s'est instaurée, on fait ce que les communistes vous demandent de faire, mais en même temps on obtient un certain nombre d'avantages matériels.

❖ **De 1937 jusqu'en 1945, la Chine doit affronter l'envahisseur et l'occupant japonais. Pendant ce temps, il y a une alliance tactique et temporaire entre le communisme et le Guomindang. Une fois la menace japonaise écartée, que se passe-t-il ?**

Le front Uni ne masquait pas vraiment la rivalité entre les deux principales forces politiques chinoises. Officiellement alliées contre l'envahisseur, elles préparaient l'une et l'autre la grande explication qui suivrait la fin de la guerre. Tout le monde savait que les Japonais étaient bien plus forts que les Chinois, mais le calcul de Chiang Kai-shek s'est révélé juste, à savoir que les autres puissances impérialistes finiraient par débarrasser la Chine du Japon. C'est ce qui est arrivé au lendemain d'Hiroshima.

Je crois que la stratégie communiste a été la même après 1945, c'est la même qui avait si bien réussi pendant la guerre : continuer à mobiliser les paysans. Un chercheur américain nommé Steven Levine a écrit un livre sur la Mandchourie pendant la Guerre civile. Il montre bien que les problèmes sont les mêmes que ceux qui se sont posés dans les différentes bases antijaponaises pendant la guerre et que les mêmes tactiques ont été appliquées, afin de gagner ou contrôler les paysans.

❖ **Peut-on dire que les communistes chinois avaient vraiment un appui populaire important en Chine entre 1945 et 1949 ou ont-ils tout simplement embrigadé, contrôlé et terrorisé pour créer l'idée de ce soutien populaire ?**

Je serai au total assez négatif, autrement dit je privilégierai la seconde branche de l'alternative. Pendant longtemps, on s'est demandé quelle était la clé du succès communiste et on s'est dit qu'elle résidait dans le soutien massif apporté par les paysans aux communistes. Je crois au contraire que ces derniers ont pu accroître leurs forces, puis l'emporter sans soutien massif des paysans. Je répète néanmoins ce que j'ai dit tout à l'heure : malgré tout il y avait une sorte d'échanges entre eux. Les communistes ont indiscutablement embrigadé et contrôler les paysans, ils les ont moins souvent terrorisés. Ils n'ont cependant pas hésité à recourir aux méthodes les plus extrêmes, aux exécutions, à la terreur pour bien montrer leur puissance et que la population se le tienne pour dit. Et elle s'est tenue à carreau ensuite.

❖ **Mais entre Chiang Kai-shek ou Mao Tsetung qui les Chinois auraient-ils choisi ?**

Les paysans qui vivaient dans les zones communistes, qu'on appelait les « zones libérées », ceux-là, je crois, auraient opté pour Mao.

Ailleurs, les paysans n'avaient même pas entendu parler de Mao. Dans la grande province du Sichuan (Szechwan), qui est plus grande et aujourd'hui deux fois plus peuplée que la France, la plupart des paysans savaient qui était Chiang Kai-shek, qui était Roosevelt, mais n'avaient jamais entendu parler de Mao. Ils n'avaient aucune idée de ce qu'était le communisme. Quant aux intellectuels, ils étaient tellement dégoûtés du régime que beaucoup d'entre eux, tout en redoutant les communistes, tout en n'étant pas rassurés du tout, avaient moins peur du communisme qu'envie de se débarrasser du régime qui les opprimait ou les désespérait.

❖ **En inaugurant la République populaire de Chine, le 1ᵉʳ octobre 1949, Mao a-t-il déjà élaboré une stratégie d'édification du communisme ?**

En fait, il ne l'a pas élaborée lui-même, mais comme on disait en Chine à l'époque, il a décidé de pencher d'un seul côté. Pencher d'un seul côté, c'était rejoindre le camp de la paix, comme on disait encore défendre le socialisme contre l'impérialisme, se rallier à l'Union soviétique. Au sens propre, cela n'a de sens que dans le domaine des relations internationales : on s'allie aux Russes pour qu'ils vous protègent. En même temps, la formule allait plus loin, elle impliquait la voie balisée par le grand frère soviétique. Donc au début, Mao a une idée qui n'est pas originale, mais il en a une : on va appliquer ce que les Soviétiques ont fait avant nous.

❖ **Priorité sur l'industrie lourde et collectivisation de l'agriculture.**

Oui.

❖ **Quelle était la conception du pouvoir de Mao ? Était-ce une conception totalitaire ou un peu moins autoritaire ?**

On peut dire totalitaire, compte tenu de l'influence du dogme sur lui, de la certitude d'avoir raison. En même temps, cet homme qui a été un despote, qui a gouverné effectivement sans contrôle pendant longtemps, avait un tempérament anarchiste et était tenté par l'anarchisme. Aussi a-t-il périodiquement insufflé une espèce de désordre dans la politique chinoise et cela a rendu moins efficace le pouvoir de la bureaucratie, moins absolu son contrôle.

❖ **Par exemple ?**

Par exemple, lancer les Cent Fleurs. Je me souviens, j'étais étudiant au moment des Cent Fleurs, j'étais ravi, j'étais enthousiaste : le mariage du socialiste et de la liberté, ce qui était évidemment une illusion.

❖ **Dans les années 1949-1950, 1951 et 1952, comment Mao voit-il, perçoit-il les opposants ou ceux qui, à la direction du parti ou dans le parti, ne partagent pas sa conception de l'édification du communisme ?**

Les opposants et même les opposants éventuels, autrement dit les malheureux qu'on catalogue ennemis du peuple, on les annihile, préventivement s'il le faut. Les contre-révolutionnaires véritables ou supposés ont été victimes d'une terrible campagne, dès les premières années du régime. Il y avait un quota de gens à exécuter dans chaque région, des propriétaires fonciers ou, indépendamment du statut de classe, des gens qui avaient été liés au Guomindang.

Vous m'avez dit aussi : les membres ou dirigeants du parti qui ne partagent pas les conceptions de Mao. Là pas du tout. Je crois qu'il y a eu une extraordinaire unité. La sagesse de Mao ne faisait aucun doute aux yeux de la plupart des dirigeants, personne ne préconisait une voie différente de la sienne. Donc, on peut dire qu'il y a au début un gouvernement collégial, Mao étant le premier de tous, indiscuté.

❖ **En 1956, c'est le XXᵉ congrès du Parti communiste d'URSS. Lors du rapport secret lu par Khrouchtchev, on dénonce les crimes de Staline. Comment Mao a-t-il réagi à cette**

**dénonciation du stalinisme et particulièrement du culte de la personnalité ?**

Il a mal réagi. D'abord, il n'était pas content du tout que les Russes l'aient mis devant le fait accompli et ensuite, bien sûr, il redoutait les répercussions de la déstalinisation pour son propre culte. Un culte qui n'atteignait pas encore le niveau de celui de Staline ni celui qu'il atteindra plus tard, mais qui était déjà manifeste en Chine.

Que Staline personnellement ait été déboulonné de façon posthume, ça ne lui faisait ni chaud ni froid. Mao n'a jamais eu d'atomes crochus avec Staline. Ce dernier, qui n'avait pas soutenu le mouvement communiste avant la conquête du pouvoir, avait été très dur dans les négociations avec Mao et Zhou Enlai à Moscou pendant l'hiver 1949-1950. Mais Mao juge l'initiative de Khrouchtchev inopportune et dangereuse. C'est lui qui a inspiré les déclarations du Parti communiste chinois tentant de mettre un bémol à la dénonciation de Staline.

❖ **Mais en 1956, le pouvoir de Mao est remis en question. Son pouvoir est-il remis en question parce qu'il y a certaines critiques qui sont émises lors du XVIIIᵉ congrès du Parti communiste chinois ?**

Je crois qu'il n'est pas vraiment remis en cause. Voyez, c'est là où la recherche récente nous permet d'affiner les analyses antérieures. Dans le contexte de la déstalinisation, le culte de la personnalité de Mao ne pouvait plus se déployer de la même façon, c'est certain. On ne pouvait plus donner le même poids à la pensée de Mao, la constitution du parti a été infléchie en ce sens. Tout cela est sûr. Mais on découvre maintenant grâce à des confidences, des interviews et des publications qui n'auraient pas été possibles plus tôt à quel point les dirigeants étaient prudents. Ils n'osaient pas remettre en question l'essentiel, le pouvoir de Mao. Chacune des déclarations qui nous avaient paru à l'époque audacieuses, voire un tantinet sacrilèges, avait été minutieusement mise au point avec l'accord de Mao, soumise à lui préalablement. On ne peut plus dire, comme on l'a cru pendant longtemps : un tel faisait partie des opposants virtuels à Mao ; non il avait été désigné, quelquefois par Mao lui-même, pour faire tel ou tel discours. Tout était, je répète, préparé, concocté à l'avance.

❖ **L'année 1956, c'est évidemment l'année du lancement de la campagne des Cent Fleurs. Que représente cette campagne et quel objectif Mao vise-t-il en la lançant ?**

Il la lance comme vous dites en 1956, mais elle mettra si longtemps à se matérialiser qu'il faudra un an après avant que les choses démarrent pour de bon, que les Cent Fleurs s'épanouissent pendant quelques brèves semaines du printemps 1957.

D'abord Mao a été très inquiet de ce qui s'est passé en Hongrie et en Pologne, à la suite de la déstalinisation justement. Il préférait que les critiques, le mécontentement éventuel s'expriment au grand jour, aident le parti à se corriger plutôt que devenir dangereux. Donc il vaut mieux laisser parler (ce qui, dans un tel régime, veut dire faire parler) les intellectuels. Beaucoup de bureaucrates, sans doute plus traditionnels, plus orthodoxes que Mao, des gens comme Liu Shaoqi et Peng Zhen, ont d'emblée redouté les conséquences de cette imprudence caractérisée. Mao n'était pas cohérent : si l'on donne la parole à des gens extérieurs au parti, il faut que ce régime change du tout au tout. Mais Mao n'était nullement décidé à remettre en cause la primauté du parti.

❖ **Mais peut-on percevoir les Cent Fleurs comme une espèce de stratégie un peu machiavélique de Mao pour permettre à ses opposants de se reconnaître, donc au parti de les repérer et ensuite les faire disparaître ?**

Cette thèse a été souvent défendue. Personnellement, j'insisterai plus sur l'inconséquence de Mao Tse-tung, qui a été très surpris par la réaction des intellectuels, que sur son machiavélisme. Le machiavélisme viendra ensuite, au moment où Mao atterré par le déferlement des critiques et l'ampleur de la remise en cause a prolongé quelque temps l'expérience afin de débusquer les « opposants » ou les mécontents qui ne s'étaient pas encore ou pas nettement exprimés. Mais je ne crois pas à une stratégie machiavélique systématiquement mise en œuvre dès le début.

❖ **Quelle conclusion Mao tire-t-il de ces dénonciations, de ces critiques adressées au régime ?**

C'est là justement où il est incohérent. Il donne raison aux bureaucrates qui lui avaient dit, ou plus exactement n'avaient pas osé lui dire mais avaient tenté de le mettre en garde quelques mois auparavant : « Attention, casse-cou, ne prenons pas ce risque. » Mao estime désormais que les intellectuels sont des petits bourgeois indécrottables, avec leurs aspirations ou leur nostalgie démocratique. On ne peut pas compter sur eux et il faut donc faire preuve à leur égard d'une autorité très ferme, il faut leur imposer sans sourciller la ligne à suivre.

En même temps, on avait fait des concessions à l'autre pilier traditionnel de la société traditionnelle chinoise : la paysannerie. On avait aménagé les coopératives agricoles, agrandi les dimensions du lopin privé, toléré un peu de marché libre. Dès qu'on a laissé les paysans prendre quelques initiatives, ils se sont empressés de privilégier leurs intérêts privés (familiaux) au détriment de l'intérêt collectif. Déçu par les intellectuels et les paysans, Mao Tse-tung tire une conclusion valable pour le peuple chinois tout entier : il faut définir une voie chinoise et l'imposer sans trop se préoccuper des réactions populaires.

❖ **Le Grand Bond en avant, inauguré en 1958, représente-t-il la réponse de Mao aux critiques adressées au régime ou est-ce la vision maoïste du communisme ?**

Oui, on peut aller jusqu'à dire que c'est la vision maoïste du communiste : le Grand Bond représente un tournant très important dans l'histoire du régime et de la révolution, ce n'est pas seulement une réaction aux critiques formulées par les intellectuels et à l'attitude de la population chinoise dans son ensemble.

Il y a quelque temps déjà que Mao remettait en question le modèle soviétique, à juste titre : la stratégie de l'édification prioritaire de l'industrie lourde est fort mal adaptée à l'immense Chine sous-développée, surpeuplée, rurale. On ne peut pas demander à l'agriculture chinoise les sacrifices que Staline a demandés à l'agriculture soviétique et aux paysans russes, ce qui a d'ailleurs provoqué une famine en Russie. Mao prend conscience que ce modèle soviétique n'a pas une valeur universelle et qu'il faut l'aménager énormément, voire le remplacer en Chine même. D'où cette « voie chinoise » qu'il inaugure en 1958 et qui va se révéler une impasse. Ce qui ne l'empêche pas d'avoir raison sur le plan du diagnostic : il ne faut plus appliquer de façon aussi servile le modèle soviétique.

❖ **Concrètement, que représente le Grand Bond en avant, pour les paysans, pour les travailleurs ?**

Ce fut une expérience traumatique, en même temps qu'un tournant autoritaire du régime, qui impose des normes ou des méthodes dont les paysans savent pertinemment qu'elles sont inappropriées : collectivisation intégrale (on abolit le lopin privé familial), communisme aussi en ce qui a trait à la consommation (les cantines sont censées libérer la femme de la cuisine et des corvées domestiques). Les hommes sont parfois mobilisés loin de chez eux pour de grands travaux hydrauliques, entrepris sans études préalables et avec des conséquences dramatiques. Les femmes, épuisées, n'ont pas pu engranger toute la récolte, qui était très bonne en 1958, l'année du « Grand Bond ». Il y a eu des pertes considérables, des millions de tonnes de grains ont pourri dans les champs. Les paysans essayaient de chaparder une partie des récoltes ou des biens collectifs, puisque plus rien n'était privé.

❖ **Peut-on dire que le Grand Bond en avant, est une espèce de communisme utopique ?**

Oui, si vous voulez.

❖ **Et quels sont les résultats ?**

Les résultats sont désastreux, il n'y a pas d'autres mots. Le Grand Bond en avant est responsable de la terrible famine du tournant des années 1960, disons de 1959 à 1961. Elle a provoqué la mort de vingt millions de personnes, peut-être davantage. Le Grand Bond a eu en outre des conséquences économiques d'autant plus graves que le désastre agricole a entraîné un recul de l'industrie elle-même : en période de crise, on pouvait moins que jamais ignorer la primauté de l'agriculture. Ce n'est que vers 1964-1965 que l'économie chinoise a retrouvé son niveau de 1958.

À long terme, je ne dis pas que certaines des constructions hâtives de l'époque du Grand Bond n'ont pas représenté des investissements utilisables, même s'ils auraient pu être mieux orientés : dans cette fièvre de construction le développement ultérieur a trouvé quelques racines et s'y est accroché. Mais le Grand Bond a eu aussi de très graves conséquences politiques : le peuple chinois en a conclu que les communistes n'étaient pas plus malins que les autres, qu'ils faisaient les mêmes boulettes, c'est un mot gentil. S'amorce donc une perte de légitimité du régime, une légitimité qui était, je crois, indiscutable au début. D'autre part, le Grand Bond a déclenché une crise au sein de l'oligarchie (les quelques dizaines de dirigeants de second rang, Mao occupant à lui seul le premier rang). Le maréchal Peng Dehuai, ministre de la Défense, a critiqué Mao de façon très respectueuse et Mao l'a très mal pris. Il a acculé les autres dirigeants à choisir entre lui et celui qui s'était permis de le critiquer. Je crois que le régime est devenu dès lors beaucoup plus autoritaire, intolérant : il ne respecte plus les « normes léninistes » elles-mêmes. Entendons-nous : il n'y avait jamais eu de démocratie, mais au moins cette poignée de dirigeants suprêmes discutait et celui qui était minoritaire n'était pas sanctionné. Désormais, cela ne marchera plus.

❖ **Entre 1962 et 1965, son pouvoir est ébranlé, il est contesté à la direction même du parti. Mais, comme vous venez de le dire, étant donné que c'est un parti léniniste, extrêmement soumis au chef, Mao réussit à se maintenir à la direction de la Chine. En 1965, Mao déclenche la Révolution culturelle, peut-on dire que la Révolution culturelle est la réponse de Mao aux critiques qui lui sont adressées depuis au moins trois ans ?**

En partie oui, bien que le pouvoir de Mao n'ait pas été vraiment menacé entre 1962 et

1965. Tout ce qu'on peut dire, c'est que son prestige a diminué auprès des quelques dizaines de dirigeants nationaux, ceux qui sont au courant, ceux qui connaissent le dessous des cartes ; pour le reste, le culte de Mao continue de plus belle. Mais personne, même parmi ces dirigeants, n'envisage de déboulonner Mao. Au pis, ils manifestent leur désaccord de la façon suivante : chaque fois que Mao dit quelque chose, ils s'empressent d'approuver le Président, quitte à appliquer ensuite les directives de Mao non pas certes à leur guise, mais en prenant tout de même quelques libertés.

Il est devenu moins difficile, même si cela demeure délicat et dangereux, d'infléchir les ukases maoïstes, parce que Mao s'est retiré « en seconde ligne » : il conserve la responsabilité suprême de définir les grandes orientations, mais ne dirige pas la Chine quotidiennement, il ne gouverne pas. Bien sûr, Mao n'est pas stupide, il se rend bien compte que son autorité est un peu ébranlée. Vous avez raison, je crois qu'il lance la Révolution culturelle pour réaffirmer cette autorité et par ressentiment. Il joue la carte de la fidélité à la révolution, puisque pour lutter contre les conséquences du Grand Bond en avant il a fallu multiplier les concessions, appliquer une politique moins égalitaire, respecter les intérêts matériels des uns et des autres afin de les inciter à produire. Mao ne se contente pas de dénoncer ces pratiques, il diagnostique un mal pernicieux : la révolution est en train de se renier, la Chine risque de verser à son tour dans le « pseudo-communisme » de Khrouchtchev...

❖ **Quel objectif visait-il en renvoyant les professeurs d'université dans les campagnes, en feignant de donner tout le pouvoir à la jeunesse, en lançant des slogans aussi stupides que : « Mieux vaut un train communiste en retard qu'un train capitaliste à l'heure » ?**

C'était plutôt à la « bande des quatre » animée par sa femme Jiang Qing qu'on attribue cette fameuse formule. Je ne veux pas défendre les politiques de Mao que j'ai réprouvées à l'époque, mais je crois qu'on ne peut pas non plus dire qu'il poursuivait uniquement un objectif personnel. Ce vieux révolutionnaire à qui le succès a tourné la tête ne peut pas concevoir qu'il n'ait pas raison. Il avait raison, comme je disais tout à l'heure, en affirmant que la stratégie stalinienne d'industrialisation n'était pas adaptée à la situation chinoise.

De même beaucoup des critiques que Mao adresse au régime qu'il dirige sont parfaitement fondées. Il critique le pouvoir exorbitant de la bureaucratie : c'est ce que Djilas avait fait sans attendre Mao, lorsqu'il avait défini « la nouvelle classe ». Non seulement Djilas, mais les libéraux, les trotskistes, les anarchistes avaient depuis longtemps, et Rosa Luxembourg dès le début, critiqué l'essentiel du léninisme. Mao n'apporte pas de critiques neuves, mais cela ne veut pas dire qu'il ne met pas le doigt sur des plaies très réelles. Ce qu'il y a de nouveau, c'est que celui qui trône au sommet de la hiérarchie bureaucratique critique avec une telle véhémence le régime bureaucratique et la toute-puissance du Parti communiste. À l'époque, c'est cette coïncidence qui avait rendu les jobards enthousiastes, mais c'est justement une raison de plus pour laquelle ça ne pouvait pas marcher. Mao n'était pas prêt à aller jusqu'au bout de sa critique. Il commence par soulever étudiants et lycéens contre ceux qu'il tient pour ses lieutenants infidèles ou ses opposants dans le parti. Puis quand ces étudiants ont fait trop de désordre, que l'affaire est devenue trop grave, parce qu'ils ont pris au sérieux les injonctions de Mao et sa sanctification de la révolte, il envoie l'armée contre eux. En fin de compte, il a accordé la priorité au maintien d'un régime à ses yeux très imparfait. Et cette priorité le fait renoncer à son vœu pieux, mais coûteux : purifier ce régime, le faire redevenir révolutionnaire.

❖ **Quel impact la révolution culturelle a-t-elle eu sur la Chine ? Est-ce comparable à l'impact qu'avait eu le Grand Bond en avant ?**

Un impact à peu près aussi catastrophique. Ce sont vraiment les deux grandes crises du régime et elles sont liées entre elles : sans le traumatisme du « Grand Bond en avant », Mao n'aurait pas déclenché la Révolution culturelle. Cette dernière a provoqué beaucoup moins de morts : de ce point de vue au moins, pour les paysans, qui représentent l'énorme majorité des Chinois (et une majorité encore plus grande des morts de faim durant les « trois années noires » 1959-1961), son impact a été moins catastrophique. Mais à beaucoup d'autres points de vue, la Révolution culturelle a eu des effets extrêmement graves. Nous parlions tout à l'heure des professeurs qu'on envoie dans les campagnes et de leurs élèves aussi : Mao a sacrifié l'éducation d'une demi-génération de Chinois. Ce que la Révolution culturelle et de longues années à la campagne ont signifié pour des millions de jeunes citadins intellectuels ou non, la littérature récente le montre de façon poignante. Mao a voulu préserver en Chine la ferveur qui avait disparu en Union soviétique, je crois qu'il a finalement précipité la perte de cette ferveur. Un des résultats de la Révolution culturelle est d'avoir fabriqué à toute allure des blasés et des cyniques.

❖ **Pourrait-on dire que Mao a été victime de son propre culte de la personnalité et qu'il en est arrivé à prendre ses rêves pour la réalité ?**

Oui je le crois vraiment, ce n'est pas la peine d'épiloguer. On peut à son sujet reprendre la formule rebattue : « Que le pouvoir corrompt et que le pouvoir absolu corrompt absolument. » Même dans les pays démocratiques, on note le phénomène du chef qui n'est pas au courant, à qui on ne dit plus la vérité et qu'on flatte. En Chine, cela a pris des proportions colossales. Mao s'est complu dans ses rêves et personne n'a osé l'en détourner. Jeune, il était à la fois persévérant et lucide sur les conditions qui pouvait permettre à un mouvement révolutionnaire minoritaire de l'emporter. Avec l'âge, il est devenu de plus en plus irréaliste et sa persévérance est devenue obstination. Les rêves ont fini par l'emporter sur la réalité.

❖ **Quelle place lui fera-t-on dans l'histoire chinoise ?**

Une place très importante, malgré tout. Il a été le principal artisan de la victoire de la Révolution et pour cela, il ne sera jamais oublié. Bien sûr, il aurait mieux valu pour sa place dans l'histoire, pour les Chinois et la Révolution chinoise, qu'il mourût comme Lénine quelques années après la conquête du pouvoir. Mais après tout, il peut avoir une place comparable à celle de son grand prédécesseur chez les despotes, Shi Huangdi, le fondateur de l'Empire.

❖ **En 1976, lors de son décès, *Le Nouvel Observateur* avait en couverture « Le dernier des géants ». Croyez-vous que dans 30 ans on le considérera encore comme un géant ?**

À l'évidence, son image était surfaite. Je me souviens des déclarations qui ont été faites lorsqu'il est mort. Le président de la République française, M. Giscard d'Estaing, a aussitôt déploré l'extinction d'un phare de l'humanité. Dès cette époque, il était facile de montrer à quel point ce jugement était erroné. Il n'empêche : on peut détester Mao et critiquer le rôle qu'il a joué, on doit néanmoins parier sur sa survie comme l'un des grands acteurs de l'histoire du xx$^e$ siècle.

Un géant ? Je n'aime pas beaucoup l'expression et, s'il fallait vraiment l'employer, je préférerais l'appliquer à Einstein ou Kafka. Mais Mao aura indiscutablement marqué notre siècle, au même titre que Lénine, Staline ou Hitler. Je le crois moins monstrueux que les deux derniers, mais certains sinologues ne seraient pas d'accord avec moi sur ce point et pensent qu'il ne dépare pas cette moderne trinité.

*Lucien Bianco est directeur d'études à l'École des hautes études en sciences sociales (Paris).*

## Pour aller plus loin

BIANCO, Lucien, *La Chine au XXᵉ siècle,* en collaboration, 2 volumes, Paris, Fayard, 1988, 1991.

BIANCO, Lucien, *Les origines de la révolution chinoise,* Paris, Gallimard, coll. « Folio », 1988.

DOMENACH, Jean-Luc, *Chine : l'archipel oublié,* Paris, Fayard, 1992.

DOMENACH, Jean-Luc, *La Chine de 1949 à nos jours,* 2 volumes, Paris, Seuil, coll. « Point », 1995.

ZHISUI, Li, *La vie privée du président Mao,* Paris, Plon, 1994.

## Nasser

### UN PHARAON MODERNE

*Entretien avec George Corm*

*L*e 23 juillet 1952, un groupe d'officiers dirigé par le général Neguib renverse le roi Farouk afin d'établir un régime républicain. Rapidement, un jeune colonel s'affirme grâce à son charisme et à son leadership. Ce jeune colonel, c'est Gamal Abdel Nasser. Fils de fonctionnaire, diplômé de l'Académie militaire, Nasser ambitionne de rénover l'Égypte et de la soustraire à la domination britannique. Impatient et avide de réforme, il parvient à écarter Naguib à qui il reproche les hésitations. Fasciné par les États-Unis, Nasser tente un rapprochement difficilement réalisable étant donné les conditions exigées par Washington. Nasser se tourne alors vers le bloc soviétique. Il achète en Tchécoslovaquie les armes que les Américains refusent de lui vendre. Parallèlement à ce rapprochement avec les pays de l'Est, Nasser participe en 1955 à la formation du Mouvement des non-alignés. Le 26 juillet 1956, Nasser joue le tout pour le tout et nationalise le canal de Suez.

Si le monde arabe applaudit, à Londres et à Paris, on n'apprécie guère ce geste qualifié de provocation. À l'automne, un corps expéditionnaire franco-britannique reprend la zone du canal pendant que l'armée israélienne s'empare du Sinaï. Face à une menace d'intervention soviétique et à une condamnation sans équivoque des États-Unis, Français et Britanniques doivent évacuer la zone du canal. Pour Nasser, cette défaite militaire se tourne en triomphe personnel, les masses égyptiennes et arabes l'adulent et le saluent comme un héros qui a osé défier les puissances coloniales.

Dès lors, Nasser et le mouvement panarabe ne feront plus qu'un et pendant qu'on assiste à des tentatives de fusion entre l'Égypte et la Syrie, Nasser multiplie les nationalisations et s'affirme comme un leader progressif, voire socialiste. Le rêve nassérien s'effondre lors de la guerre de six jours en juin 1967 quand l'armée israélienne inflige une défaite humiliante aux forces égyptiennes. Malgré cette défaite, Nasser reste au pouvoir jusqu'à sa mort le 29 septembre 1970.

Vingt-cinq ans plus tard, Nasser reste une figure légendaire au Moyen-Orient et il symbolise encore l'unité arabe et la volonté de résistance face à l'impérialisme occidental et face à l'ennemi juré qu'est l'État d'Israël. Étrange coïncidence, au moment où meurt Nasser, l'armée jordanienne du roi Hussein écrase l'Organisation de libération de la Palestine de Yasser Arafat, principale victime de la guerre de 1967.

❖ **Dans quelle situation se trouve l'Égypte à la naissance de Nasser ?**

L'Égypte, à la naissance de Nasser, est typiquement un pays semi-colonial, c'est-à-dire que de très importantes colonies européennes gèrent l'Égypte avec un pouvoir égyptien qui est celui d'une famille albanaise, descendante de Mohammed Ali et le pays est très beau à l'époque. Vous avez cette espèce, que j'appelle aujourd'hui, de cosmopolitisme balkanico-méditérranéen, c'est-à-dire que la classe locale dirigeante est issue le plus souvent des Balkans avec beaucoup d'éléments Tcherkesses de grecs Turcs, etc. Et puis, vous avez des colonies européennes extrêmement variées, il y a beaucoup d'Italiens, d'Anglais, une influence française très forte et, aussi, des communautés juives, soit de souche égyptienne, soit carrément de juifs séfarades. Donc, le pays a un aspect assez magnifique, à cette époque. Mais en dessous de cet aspect brillant, il y a des problèmes économiques et sociaux qui deviennent de plus en plus difficilement gérables ; d'un côté, et il y a bien sûr la main de l'Angleterre coloniale qui est de plus en plus lourde. Et on a ce qu'on peut appeler, ou ce

que des marxistes appelleraient, des conditions qui deviennent mûres pour une révolution. Ce qui va faire mûrir ces conditions,
c'est évidemment le problème palestino-
israélien, c'est l'émergence de l'État d'Israël en
1948, la défaite des armées arabes et donc de
l'armée égyptienne, ce qui va véritablement
créer les conditions d'un changement de
régime en Égypte.

❖ **De quel milieu est originaire Gamal Abdel
Nasser et pourquoi choisit-il la carrière
militaire ?**

Gamal Abdel Nasser est d'origine rurale,
mais il semble que son père déjà s'était installé
au Caire et faisait partie de la toute petite
bourgeoisie récemment urbanisée en Égypte.
Je crois que son père était postier et nous
allons voir le schéma se répéter dans différents
pays arabes, c'est-à-dire que l'armée va être un
moyen de promotion sociale pour beaucoup
de ces éléments ruraux qui s'urbanisent. On
verra le même phénomène en Syrie, on le
verra aussi en Irak. À la différence des pays
européens, l'armée dans les pays arabes, et
dans beaucoup de pays du Tiers-Monde, n'est
pas véritablement investie par les couches
dirigeantes. Elle est investie par les couches
dirigeantes, peut-être au niveau tout à fait
supérieur, mais la plupart des officiers seront
des officiers de couche sociale modeste et

pour qui l'armée est un moyen de promotion sociale et même une garantie de survie économique. En plus, l'armée représente la modernité, c'est donc un accès direct aux institutions modernes de l'État.

### ❖ Mais comment parvient-il à se hisser au pouvoir ?

Nasser n'a pas été la figure de proue de la révolution de 1952. La figure de proue de la révolution de 1952 était le général Néguib, qui était lui égypto-soudanais et qui avait la figure rassurante d'un bon papa. Il n'avait pas d'idéologie particulière, mais apparaissait simplement comme un homme d'ordre et de compromis face à la monarchie égyptienne qui avait de plus en plus de mal à survivre. La monarchie égyptienne était tout à fait coincée entre les exigences du colonisateur britannique d'un côté, son manque de flexibilité, son peu de respect des aspirations à l'émancipation totale de l'Égypte. Et justement, les aspirations nationalistes qui se traduisaient par des revendications, notamment au niveau de certains partis politiques très actifs pour plus de démocratie interne et pour évidemment la fin du système colonial.

Donc, la monarchie était très mal à l'aise. Elle était prise entre le marteau et l'enclume. C'est pour ça qu'on avait des conditions qui faisaient qu'il était assez probable que l'armée viendrait finalement mettre un terme à un système politique qui avait des aspects d'ailleurs démocratiques très intéressants. Ce que l'on a oublié aujourd'hui dans le monde arabe, c'est que pendant les années 1940 et une partie des années 1950, les régimes des pays arabes étaient des régimes de démocraties parlementaires, avec des partis politiques. Le régime militaire, qui va prendre la succession de la monarchie en Égypte, va supprimer progressivement toutes ces libertés politiques. Mais au début, rappelons-nous, la royauté n'a pas été supprimée d'un coup. Cela a été tout d'abord une révolution blanche sans effusion de sang et, deuxièmement, pendant un an ou deux on a conservé la fiction d'une régence et puis, manifestement, le général Néguib qui était simplement une figure de proue s'est fait progressivement évincer par les éléments beaucoup plus radicaux du conseil de la révolution, dont Nasser a pris la tête.

❖ **Une fois au pouvoir, a-t-il un programme bien défini ?**

Je crois qu'au départ Nasser n'avait pas un programme bien défini. Nasser était un nationaliste, lui aussi relativement modéré. Certes, Néguib était beaucoup plus modéré que lui, mais enfin Nasser cherchait à mettre de l'ordre en Égypte et à rétablir un certain prestige de l'Égypte, à effacer l'humiliation de la

Palestine et à faire face aux défis économiques et sociaux d'une croissance démographique très forte et des ressources qui étaient insuffisantes. Il a été amené à se radicaliser parce que, très vite, et cela va être l'origine de toutes les crises que va connaître l'Égypte, les pays européens et les États-Unis ne vont pas répondre aux aspirations de Nasser ; alors que la révolution égyptienne a manifestement jouit au départ d'une sympathie de la part des pays européens et occidentaux. Mais ensuite, il y aura une inertie du comportement des pays occidentaux qui fera qu'on ne satisfait pas véritablement aux besoins d'un développement économique et social accéléré de l'Égypte. On ne satisfait pas à ses besoins en armement pour faire face au conflit israélo-arabe et nous allons avoir à ce moment-là des crises en série.

La première, justement à propos de l'armement, le refus des États occidentaux de donner un niveau suffisant d'armement à l'armée égyptienne pour maintenir un équilibre avec l'armée israélienne. Et il se passe beaucoup d'action militaire dans la bande de Gaza, ce qui fait qu'en 1955 Nasser va se tourner vers la Tchécoslovaquie pour se fournir en armes. Il sort du bloc occidental par ce geste très symbolique.

La deuxième crise qui va faire rebondir la tension avec l'Occident va survenir à propos du barrage d'Assouan, des plans pour

construire ce haut barrage qui devait permettre d'irriguer des terres additionnelles et
de fournir de l'énergie électrique à une Égypte
qui s'urbanise à toute allure. Là aussi on va
voir des fluctuations, des hésitations dans la
politique occidentale et, finalement, on aura
des pressions américaines qui vont quasiment
empêcher la Banque mondiale de financer le
barrage d'Assouan. Et là, on aura la nationalisation du canal de Suez. Nasser l'annonce
comme étant absolument indispensable pour
se procurer les ressources nécessaires à la
construction du haut barrage, qui est devenu
un symbole, là aussi, de l'émancipation économique de l'Égypte.

Et à partir de là, va se mettre en place cette
accélération d'une radicalisation, non seulement du nationalisme arabe en général, mais
de tout le mouvement des non-alignés, de la
revendication du Tiers-Monde face à l'Occident riche et égoïste.

**❖ La nationalisation du canal de Suez entraîne
un conflit armé avec la France et l'Angleterre,
Israël également. Pourquoi la défaite militaire
égyptienne de 1956 est-elle tournée en un
triomphe politique par Nasser. Que se passe-
t-il exactement ?**

La défaite militaire était inévitable. On ne
pouvait pas penser que l'armée égyptienne qui
était pauvrement équipée allait pouvoir faire

face au coup de butoir de trois armées ultra-puissantes. L'armée israélienne d'abord, épaulée par l'armée française et par l'armée anglaise. Personne, dans l'opinion publique arabe, ne pouvait tenir rigueur au régime égyptien de n'avoir pas tenu militairement face à l'agression extérieure.

En revanche, évidemment, ce qui a transformé cette défaite militaire en victoire politique, c'est qu'il y a eu un double facteur qui est intervenu. Le premier, c'est, d'une part, le désir des États-Unis de réduire définitivement l'influence coloniale française et anglaise en Moyen-Orient, pour prendre la place des anciennes grandes puissances, d'où une attitude favorable des États-Unis face à l'Égypte et la demande d'un retrait israélien et d'un retrait des troupes françaises et anglaises très rapide.

Et le deuxième facteur a été évidemment la guerre froide et le fait aussi que l'Union soviétique est intervenue très énergiquement en brandissant des menaces d'intervention militaire.

Donc, à ce moment-là, le leader égyptien est ressorti tout à fait grandi de cette opération et c'est là que va commencer son histoire d'amour avec les opinions publiques arabes et les foules arabes.

❖ **L'aide soviétique nous permet-elle de parler d'un alignement de l'Égypte sur Moscou ?**

**Peut-on dire que Nasser obéissait aux direc-
tives de Khrouchtchev et de ses successeurs ?
Ou a-t-il simplement profité de la rivalité Est-
Ouest pour faire du capital politique et économique d'un côté et de l'autre ?**

Il a profité de la guerre froide, de la rivalité
Est-Ouest. Il a tenté avec Tito, d'ailleurs leader
de la Yougoslavie, et Nehru des Indes de tenir
la balance égale entre Washington et Moscou ;
et ils ont formé le mouvement des non-
alignés. Mais ce jeu a été de plus en plus
difficile au fur et à mesure que la guerre froide
se durcissait, que les positions américaines
dans le Tiers-Monde se durcissaient, on peut
se rappeler de la guerre du Viêt-nam, des
interventions en Amérique latine. Donc
l'attitude américaine a pris de plus en plus des
couleurs coloniales et semi-coloniales et, par
ailleurs, l'Union soviétique devenait de plus
en plus influente sur le plan économique dans
beaucoup de pays du Tiers-Monde. Il devenait
donc difficile, en cas de désaccord politique
avec l'Union soviétique, de l'exprimer de
façon trop importante. Donc la marge de
manœuvre était en train de se réduire. Cela
dit, comme on le sait, les tensions ont pu être
très vives avec l'Union soviétique, en particulier à propos du Parti communiste égyptien
que Nasser a persécuté énormément, on
l'oublie. Il n'a pas persécuté que les Frères
musulmans, il a aussi persécuté les commu-

nistes égyptiens. En dépit de cela, Moscou a maintenu son aide et ce fut la politique de Moscou en réalité dans beaucoup de pays du Tiers-Monde de fermer les yeux sur la persécution des partis communistes locaux pour continuer de garder une influence économique prépondérante.

❖ **Nasser est toujours présenté comme le champion de la cause arabe, de l'unité arabe, mais croyait-il lui-même à l'unité arabe ? A-t-il à ce point incarné le sens de l'unité ? Ou est-ce tout simplement un mythe créé par lui ?**

Nasser était avant tout un nationaliste égyptien, il ne faut pas se le cacher. Son souci principal était l'Égypte. Il a une dimension pharaonique du personnage qui est très forte. Il a été entraîné dans la dimension arabe de son personnage par les opinions publiques des autres pays arabes. Rappelons-nous d'ailleurs, par exemple, les Syriens qui ont réclamé l'unité avec l'Égypte. C'était pareil en Irak ; petit à petit justement, Nasser s'est mis à exercer une fascination sur les opinions publiques arabes. On voyait en lui, celui qui pourrait réparer les dommages fait, par le colonialisme européen, en particulier les conséquences des accords Sykes-Picot entre la France et l'Angleterre qui avaient divisé le monde arabe. Et l'opinion de l'époque, rappelons-nous, c'était de dire, tant que les Arabes vont rester aussi désunis, il n'y aura pas moyen ni de résister à la pression que fait l'État d'Israël ni même d'obtenir un développement économique qui ne soit pas un développement trop dépendant des anciennes puissances coloniales.

Donc, l'idéologie de l'unité arabe est une idéologie qui, dans les années 1950 et 1960, s'est développée d'une façon extrêmement rapide, extrêmement vaste dans presque tous les secteurs de l'opinion publique arabe. Et nous allons voir d'ailleurs en 1958, beaucoup de régimes arabes vaciller ; le régime irakien qui tombe, le régime jordanien qui est menacé, le parlementarisme bourgeois libanais qui est menacé. Donc, il y a un vent de radicalisme nationaliste arabe qui souffle partout, qui a porté Nasser ; plus que Nasser ne l'a déclenché.

❖ **Juin 1967, c'est la guerre des Six Jours qui se solde par un désastre pour les armées arabes. Nasser a-t-il sous-estimé la puissance militaire israélienne ?**

Non, je pense que Nasser ne l'a pas sous-estimée. En revanche, il a probablement surestimé la capacité logistique de son armée. C'est-à-dire qu'il ne s'est probablement pas rendu compte, à quel point, en dépit de tout le matériel soviétique relativement sophistiqué que pouvait posséder son armée, les problèmes d'organisation de l'armée égyptienne étaient énormes. Donc, face à un ennemi qui lui-même avait une logistique tout à fait exceptionnelle, l'armée égyptienne a craqué, comme on le sait, par l'opération spectaculaire de destruction de l'aviation égyptienne et cette destruction a montré combien l'organisation de la défense égyptienne était extrêmement faible. Le matériel ne suffisait pas. Il n'y avait pas la logistique par derrière, le contrôle, la surveillance, l'adaptation à une situation qui évoluait très vite et, ne l'oublions pas encore une fois, politiquement la direction égyptienne a été trompée par les signes d'apaisement que les Américains avaient, entre autres, donnés. Puisque un des vice-présidents de la République égyptienne avait été appelé à Washington pour discuter. Donc, on pouvait penser qu'il n'y aurait pas d'attaque-surprise ou d'attaque éclair, qu'un processus de discussion était mis en route. Et ne l'oublions pas aussi, parce que nous allons voir des situations similaires dans le cas du conflit du Golfe, que Nasser avait demandé à ce que l'on discute de l'ensemble du contentieux israélo-arabe.

❖ **À la suite de cette défaite, Nasser démissionne, mais les masses égyptiennes réclament son retour. Comment expliquez-vous ce phénomène ?**

Non seulement les masses égyptiennes, mais dans l'ensemble du monde arabe. Tout le monde est descendu dans la rue à Beyrouth, à Damas, à Bagdad.

### ❖ Spontanément ?

Oui, j'ai vu à la télévision à Beyrouth et entendu le discours de démission de Nasser. J'étais à Beyrouth, je suis descendu dans la rue, spontanément comme tout le monde. Non, je crois que cela a été un phénomène très spontané, parce que, de nouveau, Nasser était devenu un symbole sacré, même battu, même vaincu. Le sentiment, si vous voulez, de l'opinion arabe était de dire : s'il s'en va, c'est la victoire complète des Israéliens.

### ❖ Certains observateurs prétendent que ses manifestations ont été organisées, qu'elles n'étaient absolument pas spontanées ?

Non, je me souviens très bien, quand on l'a vu à la télévision, vous savez qu'il est paru deux jours ou trois jours après l'effondrement militaire, à la télévision, en pleurant et en disant : c'est moi le seul responsable. Ce qui était un acte courageux. Je vais partir, je ne peux pas rester. Immédiatement, les gens sont descendus dans la rue manifester et alors, il faut bien voir que c'est intelligemment ambigu comme attitude de la part des foules arabes. C'est-à-dire que : « Tu nous as mis dans cette galère, tu ne peux pas la quitter. » Il y avait ce sentiment, donc, « il faut que tu fasses quelque chose pour redresser la situation ». Le deuxième sentiment : « On ne te laisse pas partir non plus, parce que, si tu pars, c'est la victoire complète de l'ennemi ». Donc, moi je trouve l'attitude très rationnelle à l'époque et, effectivement, Nasser a quand même pu, dans les trois années qui lui sont restées à vivre après, redresser la balance puisqu'il y a eu la guerre d'usure sur le canal de Suez, qui a été très pénible pour l'Égypte mais qui a quand même permis à l'armée égyptienne de se refaire, d'évoluer positivement, de développer ses capacités logistiques, etc.

❖ **Nasser meurt en 1970. Encore aujourd'hui, dans les pays arabes, on lui voue un culte. Pendant la guerre du Golfe, on a comparé Saddam Hussein à Nasser. Que représente aujourd'hui Nasser pour le monde arabe ?**

Je crois que dire qu'on lui voue un culte aujourd'hui, c'est probablement exagéré. Parce qu'il ne faut pas oublier que l'image de Nasser a été occultée, notamment à partir du milieu des années 1970, lorsque sous le coup de la prospérité pétrolière vont monter les contre-images. C'est-à-dire, va monter l'image, par exemple de l'Arabie Saoudite et du roi Fayçal avec en association des images d'un islam proche de l'Occident, ouvert au capitalisme. Toutes ses contre-images vont se développer et vont faire un petit peu tomber dans l'oubli l'image de Nasser, qui était l'image d'un militantisme des années 1950 et 1960 qui passait de mode. Ce militantisme, c'était finalement retrouvé, c'est ce que j'explique dans mon ouvrage*, dans les milieux palestiniens, dans les milieux de la gauche libanaise, mais cette atmosphère où vous aviez une opinion publique massivement radicalisée s'estompe dans les années 1970. Il y a l'anesthésie du pétrole, il y aura après la semi-victoire de 1973, il y a la montée des mouvements islamiques qui dénoncent le nassérisme. Il y a aussi la montée d'idéologie du type démocratique, qui dit : « Nasser a été certainement un très grand homme mais il a quand même été un dictateur. » Il y aurait plutôt une remise en cause de l'image de Nasser. Il est certain qu'aujourd'hui, après l'affaire irakienne, il y a eu remontée des anciennes images des années 1960 et 1970 dans la génération de ces années. Il ne faut pas oublier qu'un jeune Arabe qui a vingt ans aujourd'hui n'a pas vécu le nassérisme. Alors est-ce que Nasser sera véritablement, je ne dirais pas réhabilité, enfin redeviendra un mythe qui pourrait être mobilisateur ?

Quand on regarde la littérature politique actuelle dans le monde arabe, on fait encore silence sur lui. On est encore silencieux.

*George Corm est sociologue, consultant économique et financier.*

## Pour aller plus loin

CORM, George, *L'Europe et l'Orient. De la balkanisation à la libanisation,* Paris, La Découverte, 1989.

CORM, George, *Le Proche-Orient éclaté : de Suez à l'invasion du Liban 1956-1982,* Paris, La Découverte, 1984*.

CORM, George, *Renouvellement du monde arabe, 1952-1982,* Paris, Armand Colin, 1987.

DERRIENNIC, Jean-Pierre, *Le Moyen-Orient au xxᵉ siècle,* Paris, Armand Colin, 1981.

LAURENS, Henry, *Le Grand Jeu. Orient arabe et rivalité internationale,* Paris, Armand Colin, 1991.

# Kennedy

## OU LE MYTHE
## DE CAMELOT

*Entretien avec André Kaspi*

*E*n 1991, le cinéaste Oliver Stone relançait la
polémique à propos de l'assassinat de John
Kennedy. Partant de l'hypothèse que Kennedy voulait
retirer les troupes américaines du Viêt-nam et qu'il
entendait réduire le budget militaire, le président aurait
été victime d'un complot ourdi par le Pentagone, la CIA
et le complexe militaro-industriel. En manipulant
habilement l'histoire et la fiction, Oliver Stone réussit
avec son film JFK à semer le doute chez ceux et celles
qui voient le film. Que l'on apprécie ou pas ce genre de
cinéma, peu importe ce qu'il faut dénoncer, cependant
ce sont les libertés que prend Oliver Stone avec l'histoire
et l'exactitude des faits.

L'historien André Kaspi a rétabli les faits sur le pla-
teau de l'émission française Bouillon de culture où il
était l'invité de Bernard Pivot à l'hiver de 1992. Com-
mentant le film JFK, Kaspi a dénoncé les inexactitudes

*du film de Stone et il a rétabli les faits en présence du cinéaste lui-même. André Kaspi, spécialiste de l'histoire américaine, avait déjà publié en 1978, une biographie du président Kennedy. En 1993, il a remis cette biographie à jour en tenant compte des travaux publiés ces quinze dernières années.*

*Ces dernières années, les ouvrages se sont multipliés autant sur la vie privée du président que sur sa politique intérieure et sa politique extérieure. Dans l'entrevue qui suit, André Kaspi dresse un bilan de l'administration Kennedy, de ce que l'on sait avec certitude sur son assassinat et du mythe qui entoure ce président.*

Pendant les années 1960, nous avons vécu sur l'idée que la présidence de John Kennedy avait été exceptionnelle, que ce président-là avait été l'un des meilleurs de l'histoire des États-Unis et que son assassinat avait marqué la fin d'une grande période.

Dans les années 1970, retour du bâton. Le balancier passe de l'autre côté. On révise l'histoire et on conclut que tout ce qu'avait fait Kennedy était mauvais, qu'en fin de compte, encore plus important, il n'avait presque rien fait.

Aujourd'hui, on en arrive à une estimation un tout petit peu plus juste de cette période. Plusieurs exemples : Kennedy est assassiné après 1000 jours de présidence, c'est-à-dire moins de trois ans après qu'il eut pris le pouvoir. Mais si vous imaginez ce qu'aurait été l'estimation que l'on porte sur la présidence de Woodrow Wilson, si Woodrow Wilson avait été assassiné en 1915, bien avant l'entrée des États-Unis dans la guerre ; si vous imaginez ce qu'aurait été notre estimation de la présidence de Franklin Roosevelt s'il avait été assassiné en 1935, c'est-à-dire avant qu'il ne crée l'État-providence, il est évident que notre jugement ne serait pas le même.

Donc, la première observation qu'il faut faire, c'est que la présidence de John Kennedy a été particulièrement courte et c'est d'autant plus important que, d'après les spécialistes de science politique, le président des États-Unis, dans sa première année de présidence, tente de maîtriser l'ensemble de l'administration. Il ne devient véritablement efficace que pendant la deuxième année. Déjà la troisième année commence à être marquée par la préparation de la campagne présidentielle du deuxième mandat et la quatrième année est complètement engloutie par cette campagne présidentielle. Au total, il y a une année, une année et demie d'efficacité. Et précisément, Kennedy n'a eu que cette année ou cette année et demie d'efficacité puisqu'il a été assassiné en novembre 1963. J'ajouterai une autre considération. Kennedy a été élu contre Richard Nixon par une majorité extrêmement étroite. Il a obtenu 49,71 % des voix populaires et Nixon 49,56 % ; c'est-à-dire 15 centièmes les séparent, 112 000 voix. Il aurait suffi que 4500 voix de l'Illinois ou que 9000 voix du Texas se portent sur Nixon au lieu de se porter sur Kennedy pour que les résultats soient changés. Quand on a une majorité aussi faible, on ne peut pas faire de miracles. De toute évidence, on est tenu à la prudence. Malgré tout, il y a un certain nombre de choses que Kennedy a faites et que l'on ne peut pas lui retirer.

❖ **Par exemple ?**

C'est lui, quand même, qui a engagé le mouvement en faveur des droits civiques des Noirs. Il ne l'a pas mené à son terme. Si vous pensez au rôle de son frère Robert, qui était Attorney General, donc responsable précisément du soutien fédéral au mouvement des droits civiques, dans les États du Sud en faveur de la déségrégation, quand on pense à ce que John Kennedy a fait en matière de nominations des Noirs dans un certain nombre de postes administratifs, quand on pense également au soutien que John Kennedy a donné à l'été de 1963 au projet de loi en faveur des droits civiques des Noirs, vous avez l'illustration que Kennedy a engagé un mouvement. Ce mouvement a été mené à son terme par le successeur, il est vrai. Il n'empêche qu'on ne peut pas dire que Kennedy n'a rien fait.

❖ **La position de Kennedy, en faveur du mouvement pour les droits des Noirs, n'a-t-elle été que l'entérinement d'un mouvement amorcé au milieu des années 1950 et qui, inévitablement, devait être mené à terme ?**

Vous êtes historien comme moi. Vous savez comme moi qu'il n'y a pas de commencement absolu. On peut toujours trouver des origines.

Un homme politique ne peut pas immédiatement faire tomber la pluie ou lever le soleil. Il
est évident qu'il dépend des circonstances et
de ses prédécesseurs. Qu'il y ait eu un mouvement engagé avant, bien sûr, le rôle de Kennedy n'en reste pas moins important dans la
mesure où il a donné une impulsion. Un autre
président aurait très bien pu aller en sens
inverse. Il ne faut pas sous-estimer le rôle d'un
homme, surtout lorsque cet homme occupe la
fonction de président des États-Unis.

Donc, je crois qu'en ce qui concerne les
Noirs, même si Kennedy n'a pas fait tout ce
qu'il voulait faire, il a accéléré le mouvement
et ce mouvement a pu être mené jusqu'à son
terme par Lyndon Johnson, son successeur.

❖ **Les analystes qui ont étudié la campagne
de 1960 ont démontré que les fameux débats
télévisés avec Richard Nixon avaient été déter-
minants dans la campagne. John Kennedy est
sans doute le premier président des États-Unis
à avoir saisi l'importance qu'allait jouer la télévision dans la vie politique américaine. Croyez-
vous que la télévision a fortement contribué au
mythe Kennedy et que, somme toute, il aurait
participé lui-même à la création de son mythe ?**

Question difficile. Je ne suis pas d'accord
lorsque vous dites que ce sont les débats qui
ont fait la différence entre Nixon et Kennedy.
D'abord, c'est une interprétation qui aujour-
d'hui est contestée. On ne sait pas très bien

combien d'électeurs ont changé d'avis en regardant ces quatre débats.

Les quatre débats sont très différents l'un de l'autre. Le tout premier, pour reprendre un langage qui était habituel, a été gagné par Kennedy. Pas les autres ! Et d'ailleurs, même lorsque Kennedy a remporté le premier débat, ceux qui l'ont suivi à la radio, sans voir l'image, ont donné la victoire à Richard Nixon. Les spécialistes de la télévision vous diront aujourd'hui que, lorsqu'on regarde un débat à la télévision, on ne cherche pas à se faire un avis, encore moins à changer d'avis ; on cherche à conforter l'avis que l'on avait avant de s'asseoir devant son écran de télévision.

Cela signifie que les grands débats ont certainement tenu un rôle. Pour la première fois, ils existent dans la vie politique, non seulement des États-Unis mais du monde. C'est la première fois que deux hommes politiques viennent débattre devant des caméras de la télévision. Entre nous soit dit en passant, ils ne débattent pas ; ils répondent aux questions des journalistes. Kennedy est télégénique, oui. Son adversaire, sans être télégénique, est un excellent spécialiste de la télévision. Richard Nixon a fait une partie de sa carrière grâce à la télévision. En 1952, lorsqu'il est accusé d'être corrompu, il fait un discours d'une demi-heure sur le chien qu'on lui avait donné et sauve sa candidature à la vice-présidence. En

1959, lorsqu'il va à l'Exposition internationale de Moscou, il dialogue avec Khrouchtchev dans la cuisine modèle américaine, précisément devant les caméras de la télévision. Richard Nixon est aussi un excellent expert de la télévision.

Maintenant, j'approuve entièrement votre opinion. Kennedy a inventé le mythe Kennedy. Avec sa famille et son entourage, il a essayé de construire autour de lui une image qui passe non seulement à la télévision, mais en même temps dans l'ensemble du pays. L'image d'un jeune homme beau, vigoureux, bon mari, bon père de famille, particulièrement intelligent qui aurait en somme transformé complètement la société américaine. Oui, c'est vrai !

Pourtant, la popularité de Kennedy a augmenté à mesure que les années passaient et celui qui avait remporté cette élection présidentielle de si peu, en novembre 1960, était en position nettement plus favorable, trois ans plus tard. Ce qui veut dire quand même que les Américains avaient ressenti qu'un certain changement était en train de s'amorcer. On est dans une période, vous savez, qui fait suite à des années de guerre froide. Kennedy lui-même est un partisan de la guerre froide. Il est issu de cette période de guerre froide. Il ne faut pas juger Kennedy selon ce qui s'est produit en 1968 ou en 1970. Il faut remettre Kennedy dans son contexte, c'est-à-dire entre

1961 et 1963. Il provoque un certain changement. Ce n'est pas un changement radical. Je
ne dirai pas néanmoins que ce n'est pas un
changement du tout.

❖ **John Kennedy est assassiné le 22 novembre
1963. À qui le crime pouvait-il profiter ?**

À beaucoup. Premièrement, aux partisans
de Fidel Castro. Car les États-Unis, plus particulièrement la CIA, avaient préparé plusieurs
complots contre Fidel Castro. Entre 1960 et
1965, huit complots. Et pour vous montrer
l'efficacité de la CIA, je me permettrai de vous
rappeler que Fidel Castro se porte très bien en
1992. Cela pouvait profiter aussi aux anticastristes qui étaient furieux contre Kennedy,
parce que Kennedy, après avoir autorisé les
anticastristes à débarquer à Cuba en avril
1961, les a lâchés et a reconnu que cette expédition de la Baie des Cochons n'était pas
bonne, qu'il fallait arrêter, que c'était une
erreur des États-Unis. Cela pouvait profiter
peut-être à l'Union soviétique de l'époque,
dans la mesure où ce président apparaissait un
peu trop résistant à l'égard de Khrouchtchev,
à l'égard des ambitions soviétiques et particulièrement à l'égard des ambitions de l'Union
soviétique en Amérique latine. La deuxième
crise de Cuba, celle des missiles d'octobre
1962, a montré que Kennedy savait résister.
Cela pouvait profiter également à la mafia,

dans la mesure où la mafia avait perdu de sa présence à Cuba et aurait souhaité que les États-Unis exercent une plus forte pression sur Castro pour rétablir l'ancien régime qui favorisait précisément les intérêts de la mafia.

Cela pouvait favoriser l'extrême droite américaine, ou l'extrême gauche. Beaucoup d'Américains, beaucoup d'étrangers peuvent avoir intérêt à assassiner le président des États-Unis. Mais, avoir intérêt à assassiner le président des États-Unis ne veut pas dire qu'on l'a assassiné.

❖ **Selon vous, la commission Warren a-t-elle fait toute la lumière sur l'assassinat de John Kennedy ?**

Non. La commission Warren n'a pas fait toute la lumière, parce qu'elle a travaillé rapidement. Le président Johnson lui a demandé de terminer son rapport avant les élections présidentielles de 1964. Elle l'a remis en septembre. On lui a caché un certain nombre de choses du côté de la CIA et du côté du FBI, qui ne tenaient pas à être accusés l'un ou l'autre d'avoir négligé la sécurité du président des États-Unis. Et puis, la commission Warren avait, dès le départ, une idée préconçue, solidement établie, suivant laquelle le seul coupable était Lee Harvey Oswald qui lui-même avait été assassiné deux jours après le président des États-Unis.

Mais si la commission Warren n'a pas fait toute la lumière, s'il y a encore vraisemblablement des choses qui restent mystérieuses, je suis persuadé qu'à mesure que le temps passe, compte tenu que la société américaine est ouverte, les gens parlent quand ils savent. Les chances sont faibles qu'on en sache davantage demain. Une commission, en 1978, à la Chambre des représentants, a eu pour but précisément de contrôler les conclusions de la commission Warren. Elle n'est pas parvenue à des résultats convaincants. Et le résultat de cette opération, c'est que de plus en plus, à mesure que le temps passe, il faut que nous nous résignions à ne pas savoir toute la vérité. C'est dommage ! Parce que nous sommes habitués au feuilleton télévisé, au roman policier et à la fin d'une belle histoire. Il y a le dénouement. Le commissaire Maigret arrive avec sa pipe et son chapeau. Il nous dit : « c'est comme cela que les choses se sont passées ». Et nous, qui avons lu ou qui avons vu, nous nous disons : « ou bien j'ai deviné ou bien j'aurais dû deviner ». Eh bien là, non, l'histoire est différente. Il y a encore des mystères et je crains que ces mystères ne se dissipent pas.

❖ **Le film d'Oliver Stone, *JFK*, s'appuie sur l'idée qu'il y aurait eu un complot ourdi par la CIA, le Service de renseignements américains, parce que Kennedy voulait retirer les Amé-**

**ricains du Viêt-nam. Croyez-vous que les faits que l'on connaît démontrent que Kennedy a eu l'intention de retirer les Américains du conflit vietnamien ?**

En fait, votre question appelle plusieurs réponses. D'abord mon jugement sur le film d'Oliver Stone et ensuite le jugement que je porte sur la politique vietnamienne du président Kennedy.

Je dirai premièrement qu'Oliver Stone est malhonnête. Malhonnête, parce qu'il mêle la fiction à la réalité historique. On a quelquefois du mal à savoir si les images que l'on voit sont des images de l'époque ou des images reconstituées. C'est un film ambigu, parce que, d'un côté, Oliver Stone nous dit : « Je vais vous raconter l'histoire du président Kennedy » et en même temps, il nous dit : « Je vais prendre des libertés avec l'histoire parce que j'ai le droit de faire du roman historique ou de faire du film historique ». Enfin, c'est un film qui n'est pas conforme à ce que l'on sait, pour la bonne raison qu'il avance toute une série d'hypothèses et que pour ces hypothèses-là nous n'avons pas de preuves.

S'agissant maintenant de la politique vietnamienne du président Kennedy, c'est vrai que le président Kennedy a dit en 1963 que son intention était de retirer les troupes américaines du Viêt-nam. Quel est le président des États-Unis qui n'aurait pas tenu le même langage ? Quel est le président des États-Unis qui vous aurait dit : « Mon intention, c'est de laisser les troupes américaines au Viêt-nam jusqu'à la fin du XXIII^e siècle ? » Le but des Américains était de partir du Viêt-nam, mais la question qui se pose, c'est de savoir quand le président Kennedy avait l'intention de retirer ses troupes. Il a dit : « Je les retirerai après les élections présidentielles. » Cela voulait déjà dire que ce serait en 1965 et pas avant. Et surtout ce que l'on sait de Kennedy et de son attitude vis-à-vis de l'Union soviétique, vis-à-vis du communisme en général et de la Chine populaire, nous permet de conclure que Kennedy n'aurait retiré ses troupes qu'à partir du moment où il y aurait eu un gouvernement stable à Saigon. Or, précisément c'est ce que souhaitait aussi Lyndon Johnson, peut-être avec plus de maladresse. En tout état de cause, le but des Américains, c'était d'établir un gouvernement qui tienne la route à Saigon, de telle manière que la guerre puisse être « vietnamisée ». Les Français, lorsqu'ils étaient en Indochine, parlaient du jaunissement de l'armée vietnamienne. Les Américains parlent de la vietnamisation. C'est peut-être plus poli. Pour les Américains, il ne peut y avoir de retrait que si le Viêt-nam est une république solidement établie. L'assassinat du président Kennedy n'a pas fondamentalement changé l'attitude des États-Unis vis-à-vis du Viêt-nam. De toute évidence, susciter un régime démocratique à Saigon est resté hors de portée de Washington.

### ❖ Comment expliquez-vous la persistance du mythe John Kennedy ?

Je n'aime pas les mythes. En tant qu'historien, je préfère la réalité historique. Je crois que le mythe du président Kennedy s'explique aujourd'hui, premièrement, par l'ignorance des Américains à l'égard de leur propre histoire. L'enseignement de l'histoire aux États-Unis est trop faible. Si on le renforçait, les mythes s'affaibliraient. Deuxièmement, par le fait que l'on présente très souvent une image faussée ou erronée du président Kennedy. Oliver Stone participe à cette désinformation. On présente un peu trop le héros, une période glorieuse au cours de laquelle les Américains ne se posaient pas de questions. De fait si, ils se posaient des questions en 1960, bien entendu ! Il n'y a pas de période qui échappe aux questions, aux incertitudes et aux angoisses. En fin de compte il y a un mythe Kennedy, beaucoup moins fort aujourd'hui qu'il ne l'était il y a 30 ans. C'est un mythe que les historiens doivent tenter de démolir. L'histoire et les mythes ne font pas bon ménage.

*André Kaspi enseigne l'Histoire de l'Amérique du Nord à l'Université de Paris I.*

## Pour aller plus loin

KASPI, André, *Kennedy. Les 1000 jours d'un président*, Paris, Armand Colin, 1993.

BESCHLOSS, Michael, *The Crisis Years. Kennedy and Khrushchev, 1960-1963*, New York, Harper-Collin, 1961.

HAMILTON, Nigel, *J.F.K. Reckless Youth*, New York, Random House, 1992.

POSNER, Gerald, *Case Closed. Lee Harvey Oswald and the Assassination of JFK*, New York, Random House, 1993.

REEVES, Richard, *President Kennedy. Profile of Power*, New York, Simon and Schuster, 1993.

REEVES, Thomas, *Le Scandale Kennedy. La fin d'un mythe*, Paris, Plon, 1992.

# Sadate

## UN PACIFISTE ASSASSINÉ

*Entretien avec George Corm*

*Au moment où Nasser meurt en septembre 1970, l'Égypte et le Moyen-Orient traversent une période de grande incertitude. L'expérience socialiste n'a pas donné les résultats espérés et la défaite de la guerre de six jours a durci les positions des vaincus qui se tournent de plus en plus vers Moscou et l'action terroriste afin de trouver une issue au problème palestinien. Au Caire, c'est Anouar el Sadate qui a succédé à Nasser. Pragmatique et réaliste, il arrive à la conclusion que l'Égypte doit changer de cap afin d'opérer un virage diplomatique et économique. Ainsi, en juillet 1972, il ordonne l'expulsion de 15 000 conseillers militaires soviétiques et entame un rapprochement avec les États-Unis. À la surprise générale, le 6 octobre 1973, les armées égyptiennes et syriennes attaquent Israël. Bien que l'Égypte soit incapable de reprendre le Sinaï, Sadate obtient un succès diplomatique en forçant Israël à entamer un processus de négociation.*

*En novembre 1977, coup de théâtre : Sadate se rend à Jérusalem s'adresser au parlement israélien. Le monde arabe est stupéfait et condamne sans appel cette initiative. Au terme du rapprochement israélo-égyptien, sont signés les Accords de Camp David en septembre 1978. Si en Occident on salue le courage de Sadate, au Moyen-Orient, on le perçoit comme un traître qui a abandonné la cause arabe pour négocier avec l'ennemi juré : Israël. Isolé diplomatiquement, Sadate est également vivement critiqué pour la réforme économique qu'il a instaurée et qui a permis à une nouvelle bourgeoisie de s'enrichir et d'afficher une opulence insolente et méprisante. Dès lors, le successeur de Nasser devient l'ennemi juré des Frères Musulmans et des intégristes qui l'accusent d'être un agent de l'impérialisme américain et un traître à l'Islam. Le 6 octobre 1981, Sadate est assassiné lors d'un défilé militaire célébrant la « victoire de 1973 » par un commando intégriste. Ses funérailles, malgré la présence de nombreux chefs d'État étrangers, se dérouleront dans l'indifférence totale chez le peuple égyptien.*

❖ **Qui est Anouar el Sadate ? A-t-il suivi une carrière semblable à celle de Nasser et est-il l'héritier de Nasser ?**

Anouar Sadate est certainement l'héritier du nassérisme, même s'il n'est pas l'héritier direct de Nasser, c'est un homme du sérail nassérien qui a eu les mêmes motivations que tous ces officiers du Conseil de la révolution, qui ont un amour insensé et délirant de l'Égypte et qui cherchent à rétablir la crédibilité de l'Égypte sur le plan international et à résoudre ses problèmes économiques.

Alors Sadate l'a fait différemment de Nasser, probablement en prenant le contrepied de ce qu'avait fait Nasser, mais il l'a fait un petit peu avec les mêmes excès. Pour lui l'aventure s'est terminée beaucoup plus mal que pour Nasser. Lui-même était un rural. D'ailleurs, il aimait bien rappeler ses origines rurales puisqu'on le voyait souvent à la télévision, retiré à la campagne, habillé de la gallabia du paysan égyptien. Je trouve que le personnage avait quelque chose de fascinant, parce qu'il se déguisait tout le temps, il était soit avec cette gallabia ou bien on pouvait le voir en grand costume d'amiral, ou bien on le voyait en gentleman à l'anglaise avec sa pipe, bavardant au coin du feu avec des journalistes. Donc, c'était vraiment un homme à facettes multiples. Par ailleurs, c'était aussi un musulman très pieux qui avait beaucoup d'indulgence pour le mouvement des Frères musulmans, dont il a peut-être fait partie. Mais en même temps, il était clair qu'il adorait aussi l'Occident, qu'il aimait se trouver en compagnie des Occidentaux et que, dans le geste spectaculaire qu'il fera en 1977 de partir en Israël, il rêvait d'une espèce de réconciliation et de rencontre des trois grands monothéistes : du judaïsme, du christianisme et de l'islam.

❖ **Au moment où il succède à Nasser en 1970, poursuit-il les mêmes objectifs en politique intérieure et peut-on parler de libéralisation du régime ?**

Oui, il va libéraliser le régime sur le plan économique et sur le plan politique et il va d'ailleurs beaucoup choquer dans cette libéralisation, parce qu'il rompt avec les traditions nassériennes de parti unique, de monolitisme politique. Il va introduire un degré de pluralisme politique contrôlé et limité, mais enfin qui va être là. Il va parler d'État de droit, il va parler du règne de la loi. Alors on peut s'interroger : est-ce qu'il fait cela pour plaire aux Occidentaux parce qu'il veut déjà aller vite dans le règlement du conflit israélo-arabe, où le fait-il parce qu'il y croit vraiment lui-même ? Je pense qu'on n'a pas de réponse à la question, mais toujours est-il que, sur le plan politique, il va réaliser une décrispation et casser le monolitisme nassérien et les nassériens vont se trouver sur la défensive. Il va même, dans un de ses premiers gouvernements, mettre deux ministres communistes. Donc, c'est une ouverture un peu sur les forces politiques que le nassérisme avait réprimé fortement. Là où il sera beaucoup plus critiqué, c'est son libéralisme économique, parce qu'il va faire cette politique, dite d'ouverture économique, un petit peu tous azimuts, qui va rappeler aux Égyptiens les mauvais souvenirs de la période semi-coloniale de l'entre-deux-guerres, où finalement on va permettre tous les trafics des plus divers. Cette période se déroule à un moment où justement on est en pleine prospérité pétrolière et il y a beaucoup d'argent qui circule au Moyen-Orient et on a l'impression à ce moment-là que l'Égypte est à vendre aux capitaux du Golfe, aux industries européennes. L'intelligentsia égyptienne va vivre assez mal cette ouverture économique et Sadate sera très critiqué sur ce plan. De même, l'Égypte va entrer dans des cycles inflationnistes avec des dérapages quant aux prix. La stabilité des prix égyptiens, qui était presque séculaire et qui permettait même avec des revenus très bas à l'Égyptien de survivre, va être cassée, et l'Égyptien pauvre et même l'Égyptien de classe moyenne va voir un petit peu tous les acquis qu'ils avaient conquis pendant la période nassérienne être remis en cause au profit de nouvelles couches dirigeantes et de nouvelles élites économiques qui s'inscrivent justement dans ce que j'appelle des agiotages et des affaires à partir des capitaux du Golfe et avec des grandes sociétés multinationnales.

❖ **En 1972, Sadate reçoit le président Nixon. Ce geste permet-il de parler d'une nouvelle orientation de la politique extérieure égyptienne ?**

Oui, il est très clair que Sadate développe une phobie antisoviétique très forte, on le voit, il en a parlé dans ses *Mémoires*. Il n'a qu'une hantise, c'est de se débarrasser de la tutelle soviétique, sortir de sa dépendance militaire et économique vis-à-vis de l'Union soviétique et se rapprocher de l'Occident. Sadate est fasciné par l'Occident. Et en réalité, cet aspect de sa politique de nouveau suscite des réactions ambiguës, parce que le nassérisme dans son radicalisme nationaliste et dans la couleur anti-occidentale prise par sa politique c'était aussi une histoire d'amour frustrée avec l'Occident. Le Conseil de la révolution égyptienne n'est pas venu comme un bloc contre l'Occident au départ, au contraire. On a plutôt eu l'impression qu'au départ la révolution égyptienne s'est faite en accord avec les grandes puissances occidentales. Après, il y a eu des frustrations, il y a eu des incompréhensions qui ont fait qu'on s'est orienté vers l'Union soviétique ; mais en réalité la tutelle soviétique a été très mal supportée par beaucoup des élites arabes, pas seulement en Égypte. On a bien vu qu'à partir de la mort de Nasser, justement un petit peu partout, les régimes arabes qui étaient les plus socialistes, les plus proches de l'Union soviétique, vont commencer à prendre leur distance vis-à-vis de l'Union soviétique.

### ❖ Y a-t-il véritablement rupture avec l'Union soviétique ?

Il y quasi-rupture. En réalité, n'oublions pas que c'est en 1972 aussi que Sadate chasse brusquement 10 000 ou 12 000 experts soviétiques de l'Égypte, en prenant un risque énorme parce que sa machine militaire est quand même dépendante de l'Union soviétique. Il faut croire qu'en dépit de ces gestes anti-soviétiques spectaculaires, les Soviétiques ont continué à maintenir des liens avec l'Égypte qui ont permis la guerre de 1973. On oublie trop souvent, c'est que les premières victoires qui sont égyptiennes dans la guerre de 1973, le franchissement du canal de Suez s'est fait avec des armes russes et s'est fait grâce à une armée égyptienne qui est restée très marquée par ses relations techniques avec l'armée soviétique.

### ❖ Quels étaient les objectifs poursuivis par Sadate dans cette guerre ?

Les objectifs poursuivis par Sadate étaient très limités. Ce qui explique que la victoire du début va se transformer en quasi-défaite. Parce qu'en réalité l'objectif de Sadate était de franchir le canal de Suez et de s'arrêter là. Le grand problème a été lorsque le canal a été franchi avec relativement beaucoup de facilité et puis il n'y avait rien devant. Il y a eu beaucoup de tiraillement à l'intérieur du haut commandement égyptien, en outre il y avait le général Chazli qui aurait souhaité que les troupes égyptiennes continuent et récupèrent tout le Sinaï et menacent le territoire israélien lui-même. Sadate ne voulait pas. Donc les troupes égyptiennes se sont mises à camper de façon passive sur l'autre rive du canal, ce qui a permis à l'armée israélienne alors de mettre tous ses efforts sur le front syrien pendant plusieurs jours et puis, une fois le front syrien maitrisé, de revenir et de faire sa fameuse contre-attaque et de passer sur l'autre rive du canal de Suez.

Là, je crois que Sadate porte une assez grosse responsabilité. Probablement avait-il un consensus avec les Américains et peut-être même les Russes et qu'en fait il faisait une guerre symbolique ? On repassait le canal de Suez, mais la guerre était décidée simplement pour entamer une négociation. Le conflit israélo-arabe n'allait pas se régler de façon totale et définitive par les armes, mais il fallait rétablir un certain équilibre entre les Israéliens et les Arabes à partir duquel on pourrait entamer des négociations. Or, ensuite, les Israéliens eux-mêmes n'ont pas respecté cette règle du jeu puisqu'ils passent l'autre rive du canal de Suez, ce qui appelle une intervention très énergique de l'Union soviétique, une alerte atomique de la part des États-Unis et on a l'impression qu'on a évité de peu une catastrophe internationale à l'époque.

Mais, là aussi, la diplomatie américaine avec Henry Kissinger va profiter de cette avancée israélienne pour mettre en route des négociations de nouveau sur un plan inégalitaire, puisqu'on a des troupes israéliennes qui campent sur l'autre rive du canal de Suez qui sont encore plus près du Caire qu'elles ne l'étaient avant le début de la guerre. Et, finalement, toute la suite des événements va malgré tout s'organiser un peu autour de ce déséquilibre militaire, qui a été maintenu, entre Israël et les États arabes.

### ❖ Le voyage en Israël en 1977, le discours devant la Knesset, coup de poker ou geste calculé ?

Plutôt que coup de poker, je dirais que Sadate était déjà entré dans des états presque mystiques qui vont lui faire faire beaucoup de bêtises politiques, par la suite. État mystique, son désir de réaliser, je viens de le mentionner, une espèce de réconciliation des trois grandes religions. Il avait proposé d'ailleurs une rencontre en plein Sinaï, au mont Sainte-Catherine où il voulait amener le président Carter, Menahem Begin, tout le monde, etc. N'ayant pas obtenu les résultats qu'il espérait obtenir militairement, il sentait qu'il fallait faire politiquement un geste spectaculaire qui, au fond, aurait mis les Israéliens sur la défensive. Effectivement, le geste sur ce plan a réussi. D'un autre côté, il était très pressé par les problèmes économiques, il avait été très déçu de l'aide que les pays pétroliers arabes du Golfe lui avait amené ; il a pensé qu'il valait mieux justement, définitivement faire plaisir à l'Occident en faisant une paix définitive et totale avec Israël, ce qui lui amènerait directement des capitaux occidentaux, de la technologie occidentale, ce qui sortirait l'Égypte de son cycle infernal de pauvreté et de sous-développement.

Il a fait beaucoup de faux calculs dans cette opération, parce que les accords du Camp

David, certes, permettent à l'Égypte de récu-
pérer le Sinaï, mais c'est une souveraineté
limitée sur le Sinaï, il ne faut jamais l'oublier.
L'armée égyptienne est extrêmement limitée
dans le nombre d'hommes qu'elle peut avoir
au Sinaï et les États-Unis sont garants de cette
souveraineté limitée sur le Sinaï, c'est-à-dire
qu'ils sont obligés d'intervenir aux termes des
accords du Camp David en faveur d'Israël aux
cas où les Égyptiens ne respectent pas les
accords en ce qui concerne le Sinaï.

Le volet palestinien des accords du Camp
David est un volet extrêmement négatif
puisque les accords consacrent la revendication des Israéliens sur la Cisjordanie et sur
Gaza, en disant que le statut des territoires va
rester suspendu pendant une période de cinq
ans à l'issue de laquelle les parties feront valoir
leurs droits et c'est simplement un statut
d'autonomie administrative, une espèce de
bantoustan qui est prévu pour les Palestiniens.
Ce volet palestinien a des aspects assez scan-
daleux, parce qu'à la limite que l'Égypte hypo-
thèque une partie de sa souveraineté sur le
Sinaï pour des raisons qui lui sont propres on
peut le concevoir, mais que, dans un docu-
ment international de cette importance et de
cette envergure, on permette à l'État d'Israël et
au Mouvement sioniste d'affirmer une nouvelle revendication territoriale, alors que les
résolutions des Nations Unies consacraient
bien le caractère arabe de ce territoire,

exigeaient d'Israël de rendre ce territoire en échange de la paix : ceci est autrement plus grave. Donc, les accords de Camp David ont créé, à ce moment-là, à l'échelle du monde arabe les problèmes, tous les problèmes que l'on va connaître. Et les Israéliens au fond acceptent les accords de Camp David et, à mon avis justement, ils ont trouvé un moyen pour consolider leurs revendications de types historiques et bibliques depuis la déclaration de Balfour sur l'ensemble des territoires qu'ils considèrent devoir leur revenir.

❖ **Sadate parle-t-il au nom de l'Égypte ou simplement en son nom et en celui de son entourage ? Y a-t-il un consensus en Égypte à propos de Camp David ?**

Sadate a réussi à former un consensus à propos de Camp David. Consensus dont sont exclus les anciens nassériens, mais qui sous Sadate vont très rapidement perdre l'envergure politique qu'ils avaient. Le nassérisme a été réduit véritablement à une portion congrue et c'est des nouvelles forces sociales, les forces créées par l'ouverture économique, le libéralisme politique même limité, qui vont faire l'opinion égyptienne, à ce moment-là. En plus, l'Égypte est un pays qui a beaucoup souffert des guerres israélo-arabes. Quand je parlais de la guerre d'usure sur la canal de Suez entre 1967 et 1970, c'est une guerre qui

a été très coûteuse pour l'Égypte. Donc, il y a
sur le plan populaire le désir de faire la paix,
de même qu'il y a un désir populaire à
l'échelle de l'ensemble du monde arabe d'en
terminer avec ce contentieux israélo-arabe.
Toute la question est de savoir comment terminer, à quel prix terminer ?

❖ **Comment Sadate réagit-il à la réprobation
générale au sein du monde arabe ?**

Oui, Sadate a réagi avec beaucoup de fierté.
Vous savez qu'il y a eu un essai de dernière
minute ; il y avait un sommet de la Ligue des
pays arabes réunit à Bagdag en 1978 qui lui a
envoyé un émissaire pour lui dire : « Ne part
pas signer les accords de Camp David, voici
un chèque de cinq milliards de dollars », qui
était une manœuvre de dernière minute en
provenance d'Arabie Saoudite, parce que pour
sortir cinq milliards de dollars il fallait
l'Arabie Saoudite. Et Sadate a réagi avec
beaucoup de fierté en disant que l'Égypte
n'était pas à vendre, ce qui lui a valu beaucoup
de popularité à l'intérieur de l'Égypte. Donc,
là aussi il y a eu un comportement du côté des
autres pays arabes, parce que ce comportement n'était pas adéquat à la situation, qui a
permis à Sadate vis-à-vis de son opinion
publique égyptienne de se dédouaner de
l'opération de Camp David. Il aurait fallu
évidemment beaucoup plus de concertation

interarabe avant la signature des accords de
Camp David. Sadate aurait dû tenir bon plus
longtemps avant de signer. Il avait en face de
lui un interlocuteur qui lui était très
sympathique, qui était Carter, et même quand
on lit les *Mémoires* de Carter, on a l'impression que Carter de temps en temps le retient
de trop céder aux Israéliens et c'est là que l'on
peut voir le drame, c'est-à-dire Sadate était
décidé à faire la paix très rapidement, sans
plus tarder, il était excédé par les politiques
interarabes et l'attitude aussi peut-être de
l'Arabie Saoudite, qui l'avait quand même
poussé à faire la paix et puis qui se retire et
rejoint le camp des radicaux ou des durs
parmi les autres pays arabes qui veulent rejeter
l'initiative de paix de Sadate. Donc, on est en
plein psychodrame, en pleine tragédie
grecque, on a l'impression que les chemins des
uns et des autres sont tracés et qu'on a une
mécanique infernale qu'il n'est plus possible
d'arrêter.

### ❖ Pourquoi Sadate est-il assassiné ?

Je crois que Sadate est assassiné pour des
causes qui tiennent plus au hasard et je dirais
à la stupidité. Pourquoi le roi Fayçal est-il
assassiné aussi en 1975 ? Il est certain que les
situations du monde arabe sont des situations
de très grande déstabilisation politique, économique, sociale, qui dans le contexte du

Moyen-Orient et de ses problèmes poussent à l'assassinat politique. Mais là encore, il faut relativiser, les États-Unis sont un pays où l'assassinat politique s'est beaucoup pratiqué ; le président Kennedy a été assassiné dans des conditions qui n'ont pas encore été élucidées. La secte intégriste islamique qui a assassiné Sadate était-elle manipulée et par qui ? On peut faire toutes les hypothèses possibles et imaginables. De même pour l'assassin du roi Fayçal qui était un membre de la famille royale. Je crois que ce sont des mystères qui ne seront jamais éclaircis.

*George Corm est sociologue, consultant économique et financier.*

## Pour aller plus loin

HAYKAL, Muhammad, *The Road to Ramadan*, New York, The New York Times Book Company, 1975.

LAQUEUR, Walter, *La vraie guerre du Kippour*, Paris, Calmann-Lévy, 1974.

LAURENS, Henry, *Le Grand Jeu. Orient arabe et rivalités internationales depuis 1945*, Paris, Armand Colin, 1991.

SOLIMAN, Lotfallah, *Pour une histoire profane de la Palestine*, Paris, La Découverte, 1989.

TESSLER, Mark, *A History of the Israeli-Palestinian Conflict*, Bloomington, Indiana University Press, 1994.

# Table des matières

COMPOSÉ EN MINION CORPS 11
SELON UNE MAQUETTE
RÉALISÉE PAR PIERRE LHOTELIN
CET OUVRAGE A ÉTÉ ACHEVÉ D'IMPRIMER
EN OCTOBRE 1995 SUR LES PRESSES DE AGMV
À CAP-SAINT-IGNACE, QUÉBEC
POUR ANDRÉE LAPRISE QUI A ASSUMÉ LA TÂCHE
D'ÉDITEUR POUR LE COMPTE DES ÉDITIONS DU SEPTENTRION